業績を上げながら
人を育てる企業の
戦略・人財・仕掛け

次世代経営人財育成のすすめ

みらいコンサルティンググループ ▶ 編

同文舘出版

まえがき
今なぜ戦略⇔人財⇔仕掛けの3点セットが必要なのか（骨子）

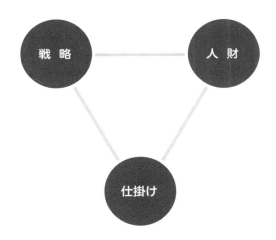

▷▷▷ **イノベーションが必要**

　多くの日本企業において、現行ビジネスモデルでの限界点を迎えています。一方で、VUCA（「VUCA」とは、Volatility（変動）、Uncertainty（不確実）、Complexity（複雑）、Ambiguity（曖昧）の頭文字をつなぎ合わせた造語で、企業を取り巻く外部環境が厳しいことを表しています）の時代において、ではどうすべきかの答えが見つかりにくい状況です。

　さらに、グローバル競争が熾烈を極め、他社と何が違うかが企業戦略の源泉であるにもかかわらず、少しの差ではあっという間にコモディティになってしまい、価格競争に巻き込まれてしまいます。

　このような閉塞感を打破するには、斬新なアイデアを打ち立て、推進する強力な次世代経営者候補＝次世代リーダーが必要になります。

▷▷▷ 新しいコトを推進する異能人財が必要

　イノベーションを起こすには、今までとは違う基軸で物事を考え、実現化していく異能の人財が多数必要になります。

　ところが、日本企業においては、「現場1流、経営3流」と揶揄されるように、今までは現業のスキルを極めることに育成の重点が置かれ、経営人財を育てることの重要性に気付かずにきました。

　さらに有効求人倍率はバブル期に迫る勢いです。つまり、募集をしても求める人財が獲得できるとは限りません。必要な人財がとれない以上、育てる以外に道はありません。

▷▷▷ 育てる仕掛けが必要

　次世代を任せることができる異能人財を発見し、育成するには様々な仕掛けが必要です。

　ピラミッド組織の頂点のマネジメントとして昇進するものだけが天国を見るという構図から、例えば専門職を極めても天国を見ることができるという仕掛けを構築するのもダイバーシティ＆インクルージョンの一環になります。

　そのような構図に加え、5段階で3評価をとる能力レベルを中心に評価制度を構築してきたため、ところどころ5をとる異能人財が排除されてきました（出る杭を打つ）。そのため異能人財を獲得できるように、経営に資するための制度変革を仕掛ける時代がやってきました。

　みらいコンサルティングとサイダス社とジェック社という個性あふれる3社が知恵を絞って、時代の要請に応えるべく本書を世に出すこととなりました。多くの迷えるリーダー達が少しでもヒントを受け取って明日からイキイキと新しいコトに取り組んでいただければ幸甚です。

2017年7月
みらいコンサルティンググループ

目　次

まえがき　今なぜ戦略⇔人財⇔仕掛けの3点セットが必要なのか（骨子）　i

第1部　転換期の戦略を創り業績を上げる

第1章　VUCA時代の人財育成 …… 002

- 1-1　経営者の不安 …… 002
  - （1）VUCAの時代　002
  - （2）第4次産業革命　006
  - （3）経営者が突破口を求める先　006
- 1-2　次世代経営者候補の不安 …… 008
  - （1）あれもこれも　008
  - （2）外国人が感じる違和感
    （日本技術者集団対海外MBAホルダーの悪口合戦）　010
  - （3）ダイバーシティとは？　011
- 1-3　不安な時代だからこそ、やらねばならぬこと …… 013
  - （1）異能・異質をつぶさない　013
  - （2）埋もれた人財を発掘する　014
  - （3）内なる戦闘の開始　015
  - （4）日本人の良いところを徹底的に伸ばす　015
- 1-4　ビジョン構築と浸透 …… 017
  - （1）VUCA時代のビジョン構築　017

（2）絵に描いた餅からの脱却　020
　　　（3）ビジョンの浸透　021
　1-5　戦略設定 …… 021
　　　（1）理想の戦略　021
　　　（2）戦略の種類　023
　　　（3）シナリオ戦略　024

　1-6　イノベーションの起こし方と、
　　　それができる人財（今こそイノベーション） …… 027

　　　（1）0　1　1,000　10,000　10,001　027
　　　（2）イノベーションはマジックなのか　029
　　　（3）オープン・イノベーションとダイバーシティの関係　030
　　　（4）内なるイノベーションの大切さ　031

　1-7　顧客創造（マーケティング） …… 031
　　　（1）VUCA のマーケティング　031
　　　（2）内なる掛け算　033
　　　（3）オープン・マーケティングへ　035

　1-8　自社の提供するバリューは何か？ …… 036
　　　（1）ブランド力　036
　　　（2）ブランド価値の認知には MVP　037
　　　（3）ビジネスモデルキャンバス～VP と CS がポイント～　039
　　　（4）ビジネスモデルキャンバスと人財評価基準　040

　1-9　人財開発 …… 041
　　　（1）経営と執行の違い　041
　　　（2）経営に弱い日本企業　042
　　　（3）業績を上げながら人を育てる　042

第2章　業績を上げる …… 044

2-1　なぜ多くの経営者が結果だけにこだわるのか？ …… 044
（1）業績があがらない……　044
（2）経営者が抱える3つの不安　045
（3）固定観念からの脱却　046

2-2　良い結果を出すには、良いプロセス …… 048
（1）残念ながら、いきなり結果はでません　048
（2）結果には原因がある
　　　～朝ごはんをたべると、成績が上がる？～　048
（3）洞察力を鍛える　049

2-3　KPIとは …… 051
（1）KPIの一般的定義：Key Performance Indicatorとは　051
（2）KPI導入のメリットと留意点　051

2-4　KPI運営の真髄（仮説思考・想像力・見える化）…… 055
（1）最初はすべてが仮説　055
（2）見える化が肝要　056
（3）見える化サンプル（管理会計で生産性を上げる）　057

2-5　これこそがPDCA（相関分析）…… 060
（1）PDCAの真髄　060
（2）相関分析　061

2-6　ケース①流通小売 …… 062
（1）主に実施したこと　062
（2）ターニングポイント　066
（3）結果　069

2-7　ケース②製造業 …… 069
（1）主に実施したこと　070
（2）ターニングポイント　072

（3）結果　*073*

2-8　**失敗から学ぶ** …… *074*
　　　（1）そもそも KPI は失敗だらけ　*074*
　　　（2）A Silver-line in Disgust　*076*

第2部　次世代経営人財の育成

第3章　業績を上げながら人を育てる …………………… *078*

3-1　**あるプロジェクトを通して伸びた人・落ちた人** …… *078*
　　　（1）伸びる人と落ちる人の大きな違い　*078*
　　　（2）経営人財として伸びる人の特徴 10　*080*

3-2　**業績向上と人財力向上の因果関係** …… *081*
　　　（1）人が変わると業績が変わるのはなぜ？　*081*
　　　（2）目的意識がもたらすもの　*082*
　　　（3）自分事思考と他人事思考　*083*

3-3　**教える力＜やらせる力（コーチング力）** …… *084*
　　　（1）相手を変えるのではなく気付かせる　*084*
　　　（2）教えるとなぜ効果がでないのか　*089*
　　　（3）企業内でコーチは難しい　*090*

3-4　**実践で成果を出すコツ** …… *091*
　　　（1）次世代経営者育成の KPI　*091*
　　　（2）次世代経営者候補を波に乗せる　*093*
　　　（3）成功を偶然で終わらせないナレッジマネジメント　*094*

3-5　**ビジネスモデルを描ける人** …… *095*
　　　（1）新しいビジネスモデルがもたらすもの　*095*

（2）現状のビジネスモデルを整理する
　　　　　〜インテル入ってる、シマノ付いてる〜　097
　　　（3）新しいビジネスモデルを描ける人の特徴　099
　　　（4）早急に発掘・育成しましょう　099
　3-6　広い視座でオープン・イノベーション …… 100
　　　（1）シマノが強いもう1つの理由〜脱お客様相談室〜　100
　　　（2）オープン・イノベーションを実践できる人財　102

第4章　次世代経営者候補のリーダーシップ …………… 103

　4-1　これから求められるリーダーとは …… 103
　　　（1）VUCA時代に求められるリーダーシップ　103
　　　（2）マネージャーとリーダーの違い　105
　　　（3）リーダーの決意　106
　4-2　やる気スイッチはどこにある？ …… 107
　　　（1）やる気スイッチの意味　107
　　　（2）自己の客観視：壁打ちパートナー　108
　　　（3）自分のストローク・バンクを満たす　108
　　　（4）やりたくないことはやらない　109
　4-3　パーソナル・ルーツの探求（ハイ&ロー）…… 110
　　　（1）メタ認知　110
　　　（2）パーソナル・ルーツの探求　112
　　　（3）果たして自分はどんな人間なのか　112
　4-4　次世代リーダーのビジョン構築力 …… 113
　　　（1）リーダーとビジョン構築　113
　　　（2）時空の旅〜フォーキャストとバックキャスト　115
　4-5　次世代リーダーのビジョン伝達・浸透力 …… 117
　　　（1）共感が必要な理由〜なんでわかってくれないのだろう。　117
　　　（2）ビジョン浸透　119

　　　　（3）言葉よりもその行動で　120
　4-6　リーダーの演技力 …… 121
　4-7　国際人 …… 122
　　　　（1）グローバルリーダー　122
　　　　（2）そもそも国際人とは？　124
　　　　（3）ダイバーシティの進化系へ　125
　4-8　人間力とは何か …… 126
　　　　（1）人間力とは　126
　　　　（2）一流人財チェックリスト　127

第5章　グローバル時代の人財育成 …… 129

1. チームコンサルティングで「生涯常連顧客」を創造する …… 129
2. MCウェイ──トップの本気度が継続的行動に …… 131
3. 「自分事」と「理念行動の評価」が
   理念・ウェイマネジメントの王道 …… 133
4. 異能のリスペクトが需要創造とイノベーションの鍵 …… 135
5. 「制度」に「魂」を込めて人と組織の価値観を変える …… 137

第3部　次世代経営人財を育てる仕掛け

第6章　人財を育てる仕掛け …… 140

　6-1　組織開発（戦略と人財をつなぐ仕掛け）…… 140
　　　　（1）組織は戦略に従う　140
　　　　（2）発展段階に応じた組織とは　140
　　　　（3）業務組織図　142
　　　　（4）人財開発部門6つのミッション　142

- 6-2 ゲーミフィケーションの威力 …… 144
  - （1）ゲーミフィケーションとは　144
  - （2）ゲーミフィケーション活用事例　146
  - （3）なぜ、これからゲーミフィケーションなのか　146
  - （4）ゲーミフィケーションとモチベーション　147

第7章　タレントマネジメントという名の仕掛け …… 149

- 7-1 縦軸と横軸。決まりをつくる …… 149
  - （1）タレントマネジメントとは　149
  - （2）軸がタレントプールを決める　150
  - （3）横軸と縦軸とでシミュレーション実施　151
  - （4）埋もれた人財はいないか（敗者復活の儀式）　152
- 7-2 攻めと守りの陣容 …… 155
  - （1）攻めと守り、どちらが先か　155
  - （2）守りの陣容　156
  - （3）攻めの陣容　156
  - （4）攻めと守りのリーダーシップ　157
- 7-3 経営人財9パターン …… 159
  - （1）1つの縦軸・横軸の組み合わせで9パターンの次世代経営者候補　159
  - （2）守りと攻めの配置例　161
- 7-4 10,000時間の旅へ …… 163
  - （1）リーダーと時間　163
  - （2）タンジブルとインタンジブルのバランス　164
  - （3）セルフマネジメントの時代　164
  - （4）リーダーシップへの旅：「10,000時間の法則」　167

むすび 不安から希望への転換　169

8-1　不安な時代の経営者の役割 …… 169
（1）VUCA 時代を託する先　169
（2）見守り人へ　169

8-2　トップからのメッセージ …… 170
（1）「経営の本質は『ヒト・ヒト・ヒト』」を考える
　　　みらいコンサルティング株式会社 代表取締役 久保光雄　170
（2）株式会社ジェック　専務取締役　越膳哲哉　173
（3）株式会社サイダス
　　　取締役 CYDAS Europe 準備室長　諸橋峰雄　175

第1部
転換期の戦略を創り業績を上げる

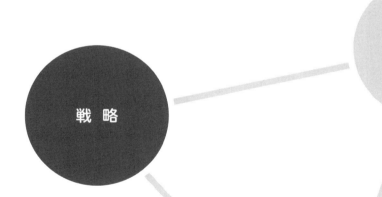

第1部
転換期の戦略を創り業績を上げる

第1章

VUCA時代の人財育成

1-1 経営者の不安

(1) VUCAの時代

　現代の経営者は、以下4点のVUCAな環境に取り囲まれています。かつてVUCAでなかった時代はなかったものの、今の時代はインパクトの範囲・大きさがケタ違いなのです。どんな大企業であろうとも数十年にわたる実績・知名度があろうとも、舵取りを間違えるとあっという間に荒波に呑まれてしまいます。

　もともと経営者は、孤独なもので、社内では不安な気持ちを吐露する相手もいなければ、場所もありません。ストレスチェックに追われる総務・人事担当を横目に「カウンセラーに今一番相談したいのは俺だ」という本音を噛み殺し、今日もきわどい判断をしに執務室に入っていくのです。

● 不安定な時代：Volatility
▷▷▷ 経済リーダー国の相対的地位低下により、経営環境の変化が激しい

　中国国家の発表数値が正しいのであるならば、失速したとしてもGDPは4～6％、インドの伸びも著しく、ASEANも順調に発展してきています。それらの勢いに比較すると経済先進国の伸びは相対的に落ちてきており、どの経済先進国の企業も自国内に活動範囲をとどめていたのでは衰退することが見えてしまっていて、海外のどの国に設備投資をし、マーケットニーズを掴

み、長期的安定基盤を築くかが企業存続の大きなテーマになっています。

▷▷▷ **先行きを見通すことが難しくなっている**

では、どの国に重点を置くべきでしょうか。グローバル競争が標準になった現代においては進出先を単なる製造拠点として位置付けている企業はごく稀で、進出国のマーケットを取りにいっているケースが増えてきました。自国市場の縮小分をそこでなんとかカバーしようとしているわけです。少し前であれば7％近くのGDPを毎年叩き出していたタイであれば、投資先としては安心と思っていたら、政情不安が襲ってきました。それに続いて中国のバブル崩壊。自国以外にあと1ヵ国くらいにしか投資余力がない中小企業では、ポートフォリオでリスクヘッジをするという対策をなかなかとれないので大変厳しいギャンブルに近い経営判断になってしまう恐れがあります。

▷▷▷ **どこに落とし穴があるか読み切れない**

周辺の環境が不安定であればあるほど、すべてのリスクに対し、全方位で対策を取っておかないと不安感がさらに増してきてしまうでしょう。ただし、それができるのも資金と人財に相当余裕のある企業に限定されてしまいます。逆にあまりにリスクをとらずにいると、前に進みにくい保守的な企業体質になってしまいます。守りに徹して勝てる業種であれば、それはそれで正解なのですが、大枠は縮小する国内シェアをカバーするために、外に出ていくハンターにならなければ勝ち抜いていけないというのが日本企業の実態です。であれば、リスクに優先順位をつけて対処しなければならないのですが、優先順位を導くための過去の基準・法則は役に立たないので、相当な努力により、新たな知恵を絞りだす必要があります。

● **不確実な時代：Uncertainty**

▷▷▷ **旧来の成功法則、ビジネスモデルが通用しなくなっている**

一昔前は、市場を席巻していたSHARP社の液晶テレビ。国内のみならず、

海外の家電量販店の目立つスペースを占めていました。それが数年前から韓国のSAMSUNG、LG社製に目立つスペースを譲り渡しております。バンコクの家電量販店店頭で筆者も調査してみたのですが、50インチのハイスペックのもので、韓国勢の製品が日本製に比較して40%〜50%の価格で販売されていて、しかもユーザー視点からは画質もほぼ同程度に感じました（技術的な詳細の差はわかりません）。これでは日本企業は厳しいと実感したものです。それから数年後に単独での液晶事業からの撤退を余儀なくされました。リビングにやってきたお客様が、世界の亀山工場製というシールを見つけて喜んでいた時から10年も経っていません。完全コモディティ製品となる前に、ビジネスモデルを変革していかなければならない局面になってきました。

▷▷▷ こうすれば、こうなるという仮説が立証できない

いわゆる「勝ちパターン」、これがなかなか構築できないわけです。例え構築できたとしても、その耐用年数がきわめて短いわけです。ここで考えなければならないのは、世界戦で勝てる可能性のあるビジネスモデルを短期間に立ち上げ、連続的に第2段、第3段に切り替えていく思い切り、大胆さ、しなやかさが必要になってきています。

● 複雑さの時代：Complexity

▷▷▷ グローバル競争の中で、競争優位を築けない日本企業

バーニーしかりポーターしかり、競合との差別化が勝敗を決すると、言われています。ポイントは、知財でしっかり押さえるか、圧倒的コスト差で勝負するか、サプライチェーンの総合力で勝つかといったところでしょうか。いずれにしても、顧客に提供する商品・サービスがコモディティ領域に入ってしまうと、海外企業とのコスト競争で四苦八苦してしまいます。つまりSWOT分析で設定するライバル企業が国内企業とは限らず、しかも複数社出てきてしまうので、その対抗策を導きだすのは非常に難しくなってきています。

第1章 VUCA時代の人財育成

▷▷▷ **急がれるグローバルニーズへの対応**

　日本企業の場合、海外との人件費差に目を付けて海外進出を展開してきた歴史がありますので、どうしても、進出した国のマーケットニーズをくみ取る力が弱い傾向にあります。しかもメーカーの場合、日本から派遣される人財は現場に強い技術者が中心になっており、今後必要なマーケティング力を持った人財は本国からの囲い込みにあい、海外になかなか出られない傾向にあります。

▷▷▷ **破壊的イノベーションにより、ライバルが異業種から出現する**

　様々な教育機関で戦略教育を受けたもしくは勉強好きなマネージャーはSWOT分析が大好きです。現場情報を織り込みながら、みんなで協力しながら創ると盛り上がる場を創りやすいということと、実践で活用しやすいからではないかと思います。ただし、SWOT分析が有効なのは同業種ライバルとの強み・弱みの比較であって、異業種ライバルと比較しても意味がなくなってきています。最近では、異業種から強力なライバルが突然現れ（破壊的イノベーター）、自社の存在を脅かすことがよく起こります。

● 曖昧模糊の時代：Ambiguity

▷▷▷ **顧客の嗜好は次々に変化し、製品のライフサイクルもどんどん短くなる**

　拙著『顧客最接近マーケティング』にて、ツボシートなるものを紹介しました。要は年齢・性別ごとに興味を持つ対象・コトが違い、特に日本ではその流行の盛衰サイクルがものすごく速く回るので、年に1回の更新は必要ですと書きました。最近は年に1回では遅く、筆者も四半期に1回の見直しを余儀なくされ、さらにセグメントの大きな軸として、格差社会の影響で年収別に展開せざるを得なくなってきました。

▷▷▷ **顧客ニーズが多様化し、明確に捉えられない**

　ビッグデータはあくまで全体の傾向を示すデータにすぎないので、顧客の

行動の背景までは教えてくれません。顧客の洞察力をもっともっと研ぎ澄ませる必要があります。まずは、BtoB にしろ BtoC にしろ、自社が最も大事にすべき顧客像のペルソナを明確にし、そのサンプルを徹底追及、調査するほうが、ビッグデータを眺めるよりは、洞察のヒントが得られると考えます。

（2）第4次産業革命

　VUCA だけでも上記のように、経営者を悩ませるには十分すぎる状況にもかかわらず、さらに第4次産業革命がはじまっております。このインパクトは今までの3回の産業革命とは比較にならないくらい大きく、特に企業の人財政策に大きな影響を与えることになります。図表1-1は弊社セミナー資料の一部ですが、第1～第3次産業革命までは、一部の産業間で人財の移動が起こりました。今でさえ工場には無人化計画レポートが飛び交っているにもかかわらず、これからは IoT や AI の進展によって、ある特定領域を除いて、ほとんど人がいらなくなるというのが第4次産業革命のもたらすインパクトです。残念ながら全産業から放出された人財を吸収する新産業が見当たらないことが全世界共通の大きな課題です。

（3）経営者が突破口を求める先

　このような VUCA 時代においては、今までの勝ちパターンにどっぷり漬かっている現経営陣には、会社の舵取りが難しくなってきます。図表1-2は、競争力を維持するため、経営者が何を重視するかという質問に対する世界トップクラス企業 CEO の回答です。

　この VUCA の時代、多くの CEO が次世代経営者に第4次産業革命のインパクトを切り抜けることを期待している姿が見てとれます。これからの将来を託される次世代リーダーは、本当に大変だと思いますが、そのリーダーを

第1章
VUCA時代の人財育成

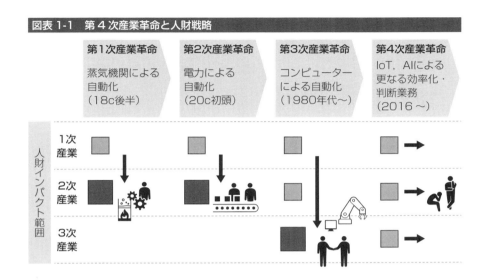

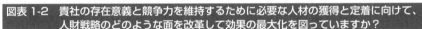

出典：PwC（2016）「第19回世界CEO意識調査」より抜粋。

育てる経営者はもっと大変かもしれません。残された時間は少なく、その中でも確実に人財が育つ方法を選び、即実行に移さなければなりません。

今の経営者達が直面している経営環境を総括したところで、次に、将来を託される次世代候補側の現状を見てみたいと思います。

1-2 ■ 次世代経営者候補の不安

（1）あれもこれも

職位に応じた役割分担が大切という概念は図表1-3の通り、管理職研修で多くの方が学びますから、知識としてはご存じの方が多いと思います。

職位が上になればなるほど、Conceptual Skill（概念化技能）が求められ、Technical Skill（職務遂行技能）は下位職層に渡し、なるべく時間を創るということが上位職の胆になります。この空き時間をフル活用して、自分が任された部門/課/チーム/部門間横断の戦略を考えてみたり、メンバーとコミュニケーションをとり、彼らのモチベーションを最大限高める時間に本来は充当していただきたいのです。大枠日本企業の人事制度の職位別ウェイトも上記役割変動に対応して設計されており、職位が上がった場合、従来通りの仕事をしていれば低い点数が出るようになっています。

実際筆者も、クライアント先の店長達に以下の理想論を最初にお話します。「店長と言えば、人事等級で言えば、全10〜12等級のうち7〜8等級から選抜された方々で、まさに人事制度上はミドルですが、店長という役職に就いた瞬間、一国一城の主となり、その城を見事に守り抜き領土を拡大する戦略を考えなければならない。逆にお聞きしますが、店舗戦略を店長以外に考える人はこの会社にいますか？」答えはNoです。非常に大きな組織ですから本社に戦略部門のスタッフが50名程度在籍しています。彼らのミッションは全社戦略を構築することであり、残念ながら各個店の戦略を創り上

第1章　VUCA時代の人財育成

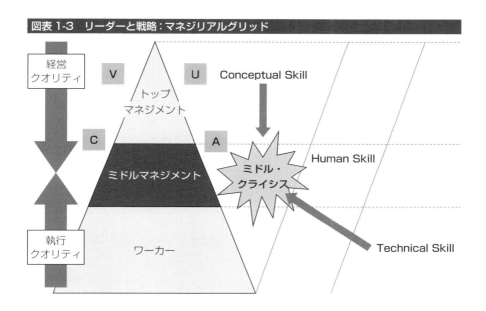

図表1-3　リーダーと戦略：マネジリアルグリッド

　げるには人手が足りないのです。では、その大事な個店戦略を創る＝店長の役割と認識はできたとして、大きな課題が残ります。私は、また店長達に聞きます。「1日1時間考える時間を持てている人？」「シーン」「では、30分ではどうですか？」「パラパラ……（だいたい4〜5％）」

　1日1時間も熟考できず、しかも環境・チャンスも与えられず戦略策定のための勉強さえもしたことがない人財が考える戦略が当たるはずもなく、業績は悪化の一途をたどります。その業績責任だけは本部から追及されます。業績が悪いのはオペレーションが悪いもしくは人が足りないからだ、と判断し「私（店長）が範を示さなければ！」と言って現場に入り浸る（当然現場のスキルが高いから店長に抜擢されているわけです）。現場は心地良い＝彼らにとってのコンフォートゾーンなのです。ここに最悪の悪循環が完成します。

> 【今ミドルクラスにはびこっている悪循環サイクル】
> 不十分な店舗（現場）戦略の構築⇒戦略策定スキル不足で業績悪化⇒現場テコ入れ⇒時間がない⇒真っ当な戦略をつくることができない⇒∞

（2）外国人が感じる違和感
　　　（日本技術者集団対海外MBAホルダーの悪口合戦）

　製造現場で面白い場面をよく見かけます。それは、日本技術者集団対海外MBAホルダーの悪口合戦の構図です。日本企業の場合歴史的に、おおむね製造拠点として海外進出をしているケースが多いものです（一部の大企業では、その国の市場に立脚し、地域統括会社を有しているケースもあります）。そのような場合、本国（日本）から優秀な技術者が定期的に派遣され、現地法人トップも日本人であるケースが多いです。日本人は、日本人だけでミーティングルームに引きこもり何やらミーティングらしきものをしていて、お昼も和食（現地では結構な高級料理）のお弁当を頼み、社員食堂には行かず、夜は運転手付の車で居酒屋直行。週末は大概ゴルフ（もちろん日本人同士）で過ごしています。現地スタッフと交流する機会は唯一マネージャークラスを呼びつけ叱責する時です。オーバーに映るかもしれませんが、実際に私が海外工場で見てきたありのままの姿です。

　現地ローカルスタッフに悩みを打ち明けられたことがありました。「日本人は気持ち悪いネ。いつも固まって、何か話している。別に何を話していてもいいんだけどネ。話し合った結果が我々に全く伝わってこないヨ。余りにもわからないから、前に質問したら、怒られたヨ。お前らは言われたことをまずはきちんとやっていればいいんだ！ってネ。カナシイヨ」

　ローカルスタッフの社員満足度調査をすると、不満要因の第1位は圧倒的にコミュニケーション不足。つまりは会社方針が伝わっていないことにあります。

日本人は基本的に、異質なものを受け入れず、居心地の良い＝慣れ親しんだコミュニティに週末までもどっぷりつかり、「我々は日本の会社のマネージャーだ。だから偉いんだ。（本国に戻れば２階級落ちて課長クラスに戻る場合もあります）」とプライドを持ちつつ、自らのコンフォートゾーンに浸りきってしまいがちです。

　本来経営とは、環境変化に合わせて有機的に変化するものであるはずなのですが、日本企業の将来を託した海外の前線基地がこのような有様です。彼らは本国の偉い方々が指示を出してくれるから、それに従うのが得策＝勝手な判断で動いて成果が出なかったら全責任を負わされる、と考えているようです。ここにも悪循環サイクルを見て取ることができます。

> 【海外現地法人の悪循環】
> 本国の意向⇒静かに承る日本人マネージャー⇒本国の指示通りローカルスタッフを動かす⇒現地ニーズから乖離する⇒業績悪化⇒さらに厳しくなる本国の意向⇒∞

（3）ダイバーシティとは？

　ダイバーシティ（多様性）とは、「幅広く性質の異なるものが存在すること」「相違点」のことで、組織でのダイバーシティとは、様々な違いを尊重して受け入れ、「違い」を積極的に活かすことにより、変化し続けるビジネス環境や多様化する顧客ニーズに最も効果的に対応し、企業の優位性を創り上げることを言います。

　次世代経営者が舵取りをする時代になれば、間違いなく今よりもダイバーシティが進展しているはずです。日本人だけでは、当面働き手が不足する現場が続出するからです（これもAI＆ロボットに本格的に入り込むまでの過渡期の話ですが……）。実際私のクライアントでもきわめて業績が良く、拡大すれば業績アップが間違いないのに、人手不足で泣く泣く仕事を断っていたと

いう本当にもったいない話がありました。あまりにもったいないので、インドネシアとのパイプを活用し、毎年数人ずつ日本に受け入れることになりました。こうなってくると、マネージャーは今まで避けてとおってきた英語をなんとか駆使し、OJTをしなければならなくなりますし、日本人なら以心伝心で伝わってきた社風や暗黙の了解も、すべて明文化する必要がでてきます。

　ダイバーシティ・マネジメントとは、ハーバードビジネスレビュー[1]によると、誰しも不平等な扱いをされずに、全従業員が生産性高く働くことができる環境を築き上げる統合的なマネジメントプロセスと定義づけられています。つまり、ただ単に仲良くやりましょう！というものではなく、そこには生産性向上という明確な目的が存在します。特に、現在とこれからの日本企業にとって生命線になるのが、顧客ニーズに対し最も効果的に対応するということになります。前述の通り、海外にこれだけ進出している背景には、国内市場が縮小することが十分予見され、その補完として海外市場シェアをとるためです。言ってみれば日本企業のグローバル市場を舞台にしたサバイバルゲームなわけです。

　例えばキッチンやリビングのリフォームを専門とする会社であれば、半数以上の管理職が本来女性であってほしいわけです。なぜならば、リフォームの決定権を50代以上の夫婦の家庭で持つのは実際にキッチンに立つ奥様であり、旦那様はお金を出しさえすればよいというビジネスモデルになっているわけですから。にもかかわらず、実際の女性の管理職比率は、表彰を受けている会社でさえ10%にも到達していないわけです。

　先ほどの工場の例で言うならば、本国の本来の通達は、その進出先市場シェアを50%獲得しろ！というものでしたから、経営会議に100%日本人というのはあってはならないことなのです。最悪でもローカルスタッフとの交流を日々実践し、文化の深いところを理解し、現地のターゲットのニーズやペインポイントを理解しているのであればよいのですが、実際は日本にい

---

[1] Thomas, R.R. Jr. (1990) "From Affirmative Action to Affirming Diversity," *Harvard Business Review*, March-April, pp.107-117.

るのと変わらない環境を日本人自らが構築しているという悲しい現実があります。

1-3 ■ 不安な時代だからこそ、やらねばならぬこと

（1）異能・異質をつぶさない

1-1からわかることは、どの経営者も将来に対する不安が過去最大値で募っており、さらに未曾有の変化が10年以内に確実に起こるということ、その不安の払拭を次世代経営者候補に求め、期待しているということです。一方でその未来を託された次世代経営層達の現状は、異質を嫌い、変化を嫌い、コンフォートゾーンにとどまろうとしているという現実があるのです。

基本的に我々日本人は、幼少期から何と言って育てられてきたでしょうか。一方アメリカ人はどうでしょうか。中国人は？全く違う育てられ方をしています。基本的に我々日本人は恥の文化の中で育てられていますから、基本的には、自分が所属しているコミュニティ内で辱めを受けたり、恥ずかしいことをしてしまうとどうしても耐えがたいメンタリティーを持っています。

- 日本人：「周りに迷惑をかけてはいけません」
- アメリカ人：「Be yourself!：あなたらしく生きなさい。」
- 中国人：「勝て！勝者になれ！」

さて、これからグローバル・ビジネスでどうしても勝っていかなければならない日本企業ですから、自らを責めている場合ではなく、本来の敵を攻めたいわけです。このままでは戦いにもなりません。敵に潰される前に自ら潰れてしまいます。

異質・異能と徹底的に交わる機会を創り、自分の夢・意志を明言する機会を創り、そういう発言を称賛する機会・場を創らない限り、おとなしく育て

られた我々日本人が戦士となってこれからのグローバルフィールドで戦うことはできないでしょう。

（2）埋もれた人財を発掘する

　日本企業の体質として、戦わない社員の養成機関という側面が強くあると見ています。それは役員会に参加すると一目了然です。実はほとんどの決裁事項が事前に根回しで決められており、人情に厚く「あいつが言っているのだから通してやろう」という役員間で何十億の投資案件が事前に決められたりしており、本番では「異議なし！」で決裁されてしまいます。そこには論理性も欠如しており、投資案件の費用対効果、事前のリスク管理も出てくる余地がありません。そのような風土が何十年も続いているので、部門長が役員に意見をするなど、前代未聞であり、あってはならないことで、万一事前の根回しなしで役員会の議案にのせてしまったものであれば、役員達の心象を害して、瞬時に闇に葬られてしまう企業もあり得ます。たとえそれがどんなに合理的で、消費者ニーズに合致し、世の中を覆すような爆発的ヒットを飛ばすポテンシャルを持ったアイデアだとしてもです。アイデアが葬られるだけならよいのですが、それを起案した人財が何回かペナルティーを犯すと、永遠に浮かぶことができない闇に葬られてしまいかねません。

　その闇に葬られた人財は、世の中に何か訴えることがあって発案しているわけで、世の中に抹殺されたわけではなく、社内の暗黙のルールに抹殺されてしまっているのです。おそらく世に出しておけば、会社に多大に貢献したであろうアイデアは1社あたり年間何十〜何百、闇に葬られた人は一万人規模の会社であれば何十人となるでしょう。

　ということは、10年間で闇に葬られた約100人の人財を掘り返し、再度命を吹き込む仕組みが必要になります。VUCAの時代に組織で立ち向かうために、ニュートラルな状態でもう一度スタートラインに立ってもらう必要があります。

（3）内なる戦闘の開始

　日本企業の本当の敵は、同業他社でもなく、海外企業でもなく、我々日本人の気質・DNAにあるかもしれません。

> ・経営者には長年のしきたり・お決まりから決別する勇気を！
> ・次世代経営者候補には自らのコンフォートゾーンを打ち破り、異質と交わる勇気を！

　結局は、知識ではなく覚悟の問題が大きなウェイトを占めます。とはいえ、覚悟をしろと言っても、周りの視線が気になる日本人のDNAですから、コンフォートゾーンから抜け出しやすい仕組み・環境が必要で、「自分はこうする！」と宣言しても恥ずかしくなく、逆に言わないことが恥ずかしいというように場の設定を変えていくことが急務です。

　中堅・中小企業であればオーナーの一声でスタートが切れますし、大企業であれば戦略部と人事部、海外事業部が発起人になる必要があるでしょう。

（4）日本人の良いところを徹底的に伸ばす

　（1）から（3）まで読んでみると、日本人にアメリカ人や中国人になれと言っているように感じられるかもしれません。決してそうではありません。戦略の基本は、強みを徹底的に伸ばす。そして、その強みで勝つということです。日本人の強みは**チームで勝つ**ということはないでしょうか。「和をもって貴しとなす。」それが現在および近未来の経営環境に合わない形になってしまっているだけで、それを良い・強い形にアレンジするだけだと考えます。

　最も根深い問題が会社の評価基準に存在していると私は考えています。なぜならば本来日本人が得意としているチーム戦に対応していないからです。

● アメリカ企業の評価基準

　アメリカは個人主義の国で、きっと企業の評価も個人評価なのではないかと思われがちですが、ところが実際は、チーム評価の割合が高いのです。一方日本企業の人事評価は中小企業から大企業に至るまで、どういうわけか個人評価になっています。

　アメリカ人は個人と神様がダイレクトに結びついているという宗教観があり、個人が属しているコミュニティへの貢献を尊ぶ傾向が強いです。

　昔、ナレッジマネジメントの本を書くためにアメリカ大陸を横断し、様々な企業トップ達と意見交換をしました。「日本では個人評価がほとんどなので、どの職種でも知の囲い込みが起こる。個人の頭にある暗黙知を形式知化し、オープンな環境でバージョンアップし、さらに再活用するという理想は理解できるが、それを日本企業で実現するには、ノウハウを出すことに対し報償を出す制度をつくらないと難しいとのでは？」と質問をすると、「それでは日本企業は中国企業にも勝てなくなるよ。我々はコミュニティに貢献することを無上の喜びとするところがあり、無償で喜んでノウハウをコミュニティに提供します。ノウハウ交流には全くコストがかからない。まず、コストで負ける。」という回答が返ってきました。その当時（1990年）から、今の状況を言い当てられた感じがして大変ショックを受けました。

図表 1-4　チーム評価基準がカギ

- 経営者は不安解消を次世代経営リーダーに託したい一方、託される側はオペレーション重視で戦略構築のスキルも場も不足。特に時間が圧倒的に不足している
- 悪循環から脱却するために、マインドセットとチャレンジしても良いと認識できる場の提供および本来日本人こそ強みを発揮すべきチーム戦対応の評価制度を用意する
- それだけでは、スムースに移行できず、チーム戦対応の仕組みに変更した方が業績が上がるという確信が必要

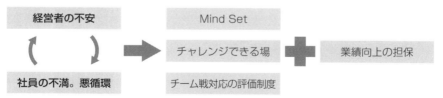

さて、アメリカ企業の評価基準ですが、チーム貢献がおおむね評価全体の30％〜40％程度を占めています。例えば、最近のMicrosoft社の人事変更ポリシーを見てみましょう。

> これからはチームワークとコラボレーションを重視します。
> 我々は近年の成功した活動を分析した結果、以下の３点を重視することとした。
> ① 個人が抱えるタスクのみならず、他者のナレッジの有効活用をしているか
> ② 他者の成功にどれだけ貢献しているか
> ③ そして他者への貢献が業績向上にどれだけ結び付いているか

一方で、日本企業はなぜ、チーム重視の評価ができないのでしょう。本来チーム戦は日本企業のほうが向いているはずですし、生活感、幼少期からの育てられ方からしても向いているはずです。

数名のトップにお聞きすると、もしかしたらチーム戦に移行し、個人ノルマを外すことで数値が崩れてしまう恐怖をトップは抱えていて、個人重視から脱却できないとの答えが返ってきました。個人ノルマをはずしたら、努力しなくなり全体として低きに流れるのでは？という恐れが根っこにあるのではと考えます。ここに突き刺さる施策でなければ、グローバルを舞台にしたサバイバル戦での日本企業の勝機が見えないのではないかと危惧しています。

1-4 ビジョン構築と浸透

（1）VUCA時代のビジョン構築

不安で先行き不透明な時代であるからこそ、ビジョンの設定がとても大事になります。なぜならば、ビジョン設定により、自社のフェアウェイはどこからどこまでなのかを定めることになるので、全社ビジョンから事業部さらに部門、課とブレークダウンする際の指針になるからです。このフェアウェ

イが定まっていないと、社員の動きが分散され、経営資源（ヒト・モノ・カネ・情報・時間）の浪費につながってしまうからです。

先日、懇意にさせていただいているトップと会談する機会があり、「A・B・Cの3部門の目標管理制度を充実させたい。どんなKPIを設定したらよいか？」という相談をいただきました。なぜならば、現在の目標管理はどの部門も共通で、財務目標（売上、粗利、営業利益等々）しかなく、3部門でほぼ違う業務をしているために、上手く評価に反映できず、社員のモチベーションが上がらないという悩みでした。

そこで、私は以下3点の質問をしてみました。

① まず、3部門のビジョンはありますか？3つの事業が異なるビジネスモデルを有し、それぞれ違うバリューを異なる顧客に提供しているならば、その違いを明確にして、異なる目標を設定するのが筋だと考えますが、いかがでしょうか？⇒ No
② その3事業を包括する全社ビジョンはありますか？⇒ No
③ そもそも部門のリーダーを筆頭に、目標達成に対し、強いモチベーションを持っていますか？⇒ No

企業トップの目標管理制度の充実というオーダーに対し、人事部門担当取締役は、どこか上手くいっている別の企業のKPIを調査して、そのまま自社にコピーしようとしていました。筆者は、申し訳なかったのですがストップをかけさせていただきました。なぜならば、5年先、10年先の企業の進むべき道が見えていないで、さらに社員達が自分たちの日々の業務が会社のどの数値に影響しているかも不明の中、ただルーチンワークを上から言われるまま日々こなしている状況で、いくら他社で成功しているからと言ってそれをそっくり持ってくることは、単なる目標値の言葉の置き換えにすぎず、なんら経営に良いインパクトを与えるとは到底思えなかったからです。その時、筆者の提示したプランは大筋以下の通りです。

第1章 VUCA時代の人財育成

図表1-5 ありたい姿と断線ポイントの確認

①営業職のみ限界利益で評価
②特に管理統括部の業績とは何かが定まっていない
③ゆえに、各部、各員の追求すべき行動が不明確のままとなっている
④(仮説)上記の人事制度上の不備がビジョン浸透及び事業成長エンジン
　のドライブ不足(=断線)に直結しているのではないか

【Step1】全社共通ビジョンを設定し、フェアウェイをイメージできるようにする
【Step2】部門をけん引していってほしいリーダーを選抜し、彼らに部門のビジネスモデルを構築してもらう
【Step3】上記ビジネスモデルにおいて、顧客にどんなバリューを提供し、そのためにどんな活動をするのかを明確にする
【Step4】バリューを顧客に提供するための活動プロセスに注目し、重要KPIを抽出する
【Step5】自ら創り上げた部門ビジョンと目標値への強いコミットメントを社長の前で宣言する

※途中で知識が足りなければそれを補い、誰が本気でやってくれるのかを見極める(アセスメント)のがコンサルタント(この場合はコーチの役割に近いでしょうか)の役割です。

● バックキャスティング（予測不可能の時代に有効）

　バックキャスティングは、予測・フォーキャスティング（Forecasting）と異なり、求められる理想の未来像から現在を眺める方法です。未来像、あるいは理想の状態から現在の課題を認識するという方法自体はギリシア哲学をはじめ昔から存在していますが、近年経済活動の中で積極活用されたのがエネルギー業界です。環境やエネルギーの課題は、課題解決ができなかった時の負の影響が非常に大きいため、最悪のシナリオを避けるために未来からの逆算であるバックキャスティングが重視されるようになりました。近年はイノベーションや新しいアイデア立案の際のスタンダードになっています。特に、少子高齢化、グローバル化、IT化によって社会のあり方や個人のライフスタイルが劇的に変化しつつあり、その変化を追わずに本質的な解決策となる事業構想をたてることは不可能です。

　そう考えると難しく感じてしまうかもしれませんが、まとめますと次のシンプルな計算式になります。

> （To be：必要な要素）−（As is：今の要素）＝（変化すべき要素）

（2）絵に描いた餅からの脱却

　天（上層部）から降ってきたビジョンはあくまで他人事という認識になってしまう傾向が強くありますので、ではどうするかというと、自分事として捉えさせ自分達で創らせる、もしくは作成プロセスに上手に組み込むこと、つまり、当事者意識の有無が絵に描いた餅からの脱却のキーワードになります。

　コーチングでスーパービジョンという手法があります。目標に達成したら、どんな世界が広がっているか、どれだけの達成感と充実感を味わえるか、ということをリアルに仮想体験してもらう方法です。このスーパービジョンが上手く、強烈に体験させることができれば、あとは障害を取り除いてあげれ

（3）ビジョンの浸透

　企業でよく見かけるビジョンが「20XX年にXXXX億円を到達する」等単純な数値の目標や、もしくは文章の羅列があります。これですと本当に意図している、心の底から実現したいと思う世界感・背景が伝わりにくいのです。

　ビジョンを組織内で浸透させる最大のポイントは**わかりやすさ**です。最もわかりやすいのはビジョンというだけに「絵」でビジュアル化し、到達したいご自身の世界感を表現していただくことを推奨します。

> ① 誰が（登場人物（主人公））
> ② 何を
> ③ どうしているか

　この3点を織り込み、物語の語り部となっていただければ会社のフェアウェイが全社員に浸透しやすく、以下の戦略も策定しやすくなると考えます。

1-5　戦略設定

（1）理想の戦略

　そもそも戦略とは、多くの先達が多くの定義を残していますが、そこは戦略の専門書に委ね、ここでは下表の通り、シンプルに定義してみます。

第1部
転換期の戦略を創り業績を上げる

> ① To be：その先のあるべき姿を想定し
> ② As is：現在の立ち位置を把握し、
> ③ そこに行きつく方法を考えること。
> ⇒ 戦略③ ＝ ①（ビジョン）－ ②（現状）

　とはいえ、いくらシンプルに定義化したとしても実際にはヘンリー・ミンツバーグにより「戦略を創造するということはとてつもなく複雑なプロセスであり、もっとも高度かつ繊細であり、時には潜在意識の中で作られるということでもある」[2]と言われるように、ただでさえ複雑な作業を伴うものなのに、さらに複雑な世の中に突入していくわけですから、これには正解というものはなく、その都度徹底的に考えるしかないわけです。

　あまりに複雑になってくると、人間の頭脳はよりシンプルなものを欲するようで、おそらく一番シンプルな戦略は「戦わずして勝つ」というものでしょう。では、それはどのように実現するのでしょうか？それは敵のいないドメイン（生存領域）を見つける、もしくは創造するというものです。つまり戦略以前にビジョン設定の段階で勝負がほぼ決まるわけです。

●Blue Ocean（ブルーオーシャン）戦略

　レッドオーシャンは、みなさんの目の前にある既存市場です。ビジネススクールや市販の書籍で学べる競争戦略のほとんどはレッドオーシャンに該当します。レッドオーシャンにおける市場の枠組みと、競争のコツはよく知られています。レッドオーシャンでは、既存の市場需要の中でより多くのシェアの獲得を目指します。競争相手が増えれば増えるほど競争が激しくなると同時に、企業の成長が遅くなり収益性が悪くなります。レッドオーシャンの競争を繰り返すことによって、市場における製品やサービスの特徴が薄れコモディティ化が進み、競争がより激しくなり、海はより赤くなります。レッ

---

[2] 長沢朋哉（2013）『世界一シンプルな「戦略」の本』PHPビジネス新書。
(The Rise Fall Strategic Planning（Henry Mintzberg）)

ドオーシャンでは、企業が長年に渡って存続するためには、どうしても年々厳しくなる競争に対抗する戦略が欠かせません。

一方、ブルーオーシャンはまだ知られていない市場であり、誰もがブルーオーシャンの在処を知りません。レッドオーシャンでは目の前にある市場需要を競争によって勝ち取りますが、ブルーオーシャンでは市場需要から市場そのもの（ブルーオーシャン）を自ら創り出します。**競争とは無縁に、既存の製品やサービスを「進化」させながら新規市場を創造するアプローチ**が、ブルーオーシャン戦略です。

競争を中心としないブルーオーシャンでは、成長の機会は無限にあり、収益性もレッドオーシャンよりも多く期待できます。ブルーオーシャンでは**価値創造**が全てです。レッドオーシャンでは、企業戦略の根本にある企業や製品の提供価値や市場価値と、市場価値を提供するためのコストを調整しながら、競合と市場のシェアを奪い合います。言い換えれば、**差別化および低コスト化**を目指すということです。レッドオーシャン戦略では、差別化戦略と低コスト戦略は二者択一であり、両立することは基本的にあり得ませんでした。しかしブルーオーシャン戦略では、差別化戦略と低コスト戦略を同時に実現しながら、市場を創り出すことができます。

（2）戦略の種類

図表1-6のように、企業には様々な戦略があります。とても経営企画部門だけで創りあげるには限界があります。ここでも**他部門とのチーム戦**が重要になります。戦略が不十分であったり、そもそも間違っていたりしたら、どんなに優秀な戦闘員がいたとしても、その組織は瞬時に強力な敵に抹殺されてしまうでしょう。

ですから、ビジョンに引き続き戦略創りとその実行にも当事者意識を最大限引き上げるため、次世代経営者候補を巻き込んでいく必要があります。

第1部
転換期の戦略を創り業績を上げる

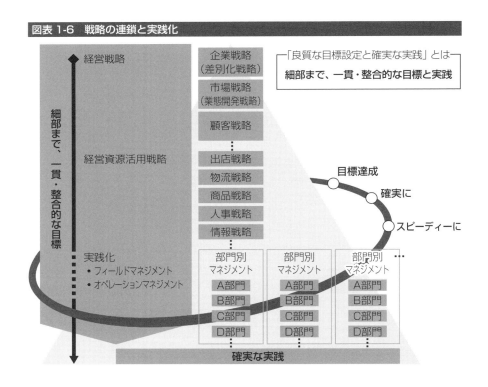

図表 1-6　戦略の連鎖と実践化

（3）シナリオ戦略

　先行き透明なVUCA時代に有効な方法として、シナリオ・プランニングという方法があります。図表1-7のように、ざっくりと縦軸と横軸で対象となる概念を軸にとり、4パターンのシナリオを準備するものです。

- **シナリオ1＝従来市場を対象に、**
  従来の手法・商品が通用しない場合の戦略の方向性
  - 競合実態の再調査・既存顧客ペインポイント（未充足ニーズ）の再調査により、ニーズの再設定による商品のリニューアル

- 自社の強みの再認識、ドメイン（事業領域）の再設定

● **シナリオ2＝新市場を対象に、**
　　　　　従来の手法・商品が通用しない場合の戦略の方向性
- STPの設定、タッチポイントの新設計、リーンスタートアップ作戦
- 研究部門と一体となりブルーオーシャンチャレンジ

● **シナリオ3＝新市場を対象に、**
　　　　　従来の手法・商品が通用する場合の戦略の方向性
- STP別ニーズ調査と商品バリエーションの検討・SPR再設定
- 顧客とのタッチポイント別必要活動量仮説計算

● **シナリオ4＝従来市場を対象に、**
　　　　　従来の手法・商品が通用する場合の戦略の方向性
- トレンド分析による商品・サービスの寿命計算
- 活動量、ヒット率分析
- クロスセルの可能性検討
- LTV[3]の極大化設計

　ポイントは、4パターンのシナリオ全てを事前に用意するということにあります。何が次にくるか予測できない経営環境におかれているわけですから、基本的な対応方法としては、何が来ても大丈夫という状況にしておくということです。とはいえ、それができるのはごく一部の企業に限定されます。経

---

[3] Life Time Valueの略で、「顧客生涯価値」と訳されます。顧客1人あるいは顧客1社において、その顧客と取引を始めてから終わるまでの期間に、その顧客がもたらした利益総計を意味します。この概念が用いられる背景には、新規顧客と既存顧客の獲得コストの違いがあります。市場が成熟してくると、新規顧客を獲得するコストは増加していきます。そのため、既存客のロイヤリティを高め、生涯を通じて顧客から利益を得ることが重要になってきました。

図表 1-7 シナリオ・プランニング

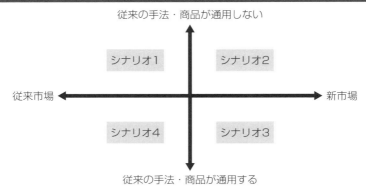

営人財を豊富に有し、通常の企業の4倍のパワーを戦略策定に注ぐことができる優良企業です。そんなに恵まれた企業は非常に稀ですから、通常は、発生可能性が高いシナリオから順にプライオリティをつけて、それぞれのシナリオと対応策を充実させていくか、もしくはややギャンブル要素が強くなりますが、どれか1つのシナリオに賭けるというものです。その場合、少しでもギャンブル要素を少なくするためには、短期間でシナリオ通り進んでいるのか、それとも別のシナリオのフェーズに突入しているかの見極めをしていくことです。言い換えますと、**仮説検証のサイクルを高速で回す**ということになります。

第1章
VUCA時代の人財育成

1-6 ■ イノベーションの起こし方と、それができる人財（今こそイノベーション）

(1) 0　1　1,000　10,000　10,001

　いったいこれは何の数字でしょう？仕事には、いろいろなタイプがあって、それぞれ求められるスキルが違います。要は適材適所で、最も得意な領域に人を最適に配置するのが望ましいです。以下詳細に解説していきます。

● 0⇒1

　これは全く何もない、しかも前例がない状態から事業を立ち上げるパターンです。前例がないわけですから、ここを担う人財に求められるスキルはプロトタイプを構築する仮説立案力が全てと思われるかもしれません。ところが、この段階で最も大事なスキルは、**データベース構築力とアナロジー能力**なのです。一般にはここをイノベーション領域と捉えます。なぜデータベース構築力とアナロジー能力が大事かという理由は(2)で後述します。

● 1⇒1,000

　これは上記0⇒1で創造したプロトタイプをアーリー・アダプター（図表1-7参照）に訴えかけ、一定規模の市場を速いスピードで構築することを指します。ここで大事なスキルは、**上記プロトタイプの提供する価値をどういう人が求めているかを察知する能力**です。創造したビジネスの最も根幹となる今までと違う価値、それが今までの概念と何が違うかをシンプルに切り出し、その今までと違う価値を喉から手が出るほどに希求している人や組織を探し出すということです。この段階で必要な工程がターゲットイメージの設定です。対個人のBtoCビジネスであれば年齢・性別・職業・年収・家族構

成・趣味・趣向・住居・生活エリア・ローン残債・投資額・IT リテラシー等々緻密に設定し、1 人の架空のパーソナリティを創りだし、その架空パーソナリティに近いリアルな個人を探し出し、インタビューをし、そのプロトタイプに興味があるかないか、欲しいかどうか、欲しくないとしたならば、どこを修正すべきかを聞き出し、必要に応じてその設定した個人の欲求ゾーンに入るまでプロトタイプにアレンジを加えていきます。例えば、1 億円の市場を立ち上げる必要がある場合、単価 10 万円であれば 1,000 人の欲求ゾーンに入ることを求められるわけです。

● 1,000⇒10,000

　これは、ある程度見えてきた市場ボリュームを極大化させるもので、上記の例で言えば、1,000 人の欲求ゾーンに入っていたものをその 10 倍の 10,000 人に拡大させることを指します。最も簡易なパターンですと、セグメントの一部の範囲を修正するだけでそれが可能になるかもしれません。例えば、ターゲットイメージの年収が 800 万円であったものを上下 100 万円まで幅を拡大してみるとか、東京都在住者限定だったものを隣接する神奈川県、千葉県、埼玉県の通勤圏まで拡大してみる等です。0 ⇒ 1 や 1 ⇒ 1,000 の段階ではあまり役に立たなかったビッグデータがこの段階になるとパワーを発揮する可能性があります。この段階で求められるスキルは**ニーズの塊を切り取る能力**です。1 ⇒ 1,000 の段階で設定したターゲットイメージを同質の軸で引き延ばした時、どこを引き延ばせば最も効果的にボリュームを伸ばせるかの判断力です。年齢なのか？年収なのか？居住エリアなのか？ある種**シミュレーション能力**と言い換えることができるかもしれません。

● 10,000⇒10,001

　これは、できあがったビジネスモデルを維持・向上させる状態を指します。革新よりも保守的姿勢が重視されます。コツコツとルーティンをこなし、バグを発見・修正し、顧客クレームに真摯に向き合う。これは能力と言うより

も**責任感**と言うべきものかもしれません。

（2）イノベーションはマジックなのか

　ここまで説明すると、すでにお気付きかと思われますが、今日本企業に求められている固定概念を打ち破るイノベーションは決してマジックではなく、**適材適所の人財配置**が成否のカギを握るということです。

　下記にイノベーションの各段階に求められる人財能力イメージをまとめてみます。

- 0 ⇒ 1 の段階：データベース構築力とアナロジー能力
- 1 ⇒ 1,000 の段階：価値観洞察能力
- 1,000 ⇒ 10,000 の段階：シミュレーション能力
- 10,000 ⇒ 10,001 の段階：保守的姿勢・責任感

　最も創造力が求められるとされてきた第1段階においてさえ、最も必要なスキルはデータベース構築力とアナロジー能力なのです。これは何を言っているかと言いますと、0 ⇒ 1 の中では、今まで世の中になかった価値を生み出す工程なので、何が今までの固定概念であったのかをまとめることが最も大事なわけです。

　よく思考のトレーニングでこんな問題を出します。「お題：斬新なバッグを考えてください！」そうするとみなさんA3の紙にああでもないこうでもないとブツブツ言いながら思い思いのデザインを書いていきます。3点式ベルトで体に固定するものや、犬のリードのようなものをつけて引っ張るものや、蛍光塗料で全面カラーリングしたものや、カーボンと革を組み合わせたもの……。一見いずれも斬新と言えば斬新です。ところが、以下の基軸を打ち出した瞬間に、A3の紙に書かれたバッグはいずれも斬新なものではなくなってしまいます。

> 今までの既知のバッグ：どこか体のどこかに触れるもの
> VS 斬新なバッグ：全く体に触れないもの

　上記のバッグの例にように、世にあふれている既知のものを1つのグループに入れ込み、そのグルーピングとは違う基軸を打ち立てられるかが問われるわけです。ですからデータベース構築力と表現しました。

　また、新しい基軸を打ち立てる際のヒントとして他分野からヒントを持ってきた方が早いわけですからアナロジー能力と表現したわけです。

　大企業であっても、このようにイノベーションの各段階に求められる能力要件をしっかり見極め、定義づけ、人財配置を行っている企業は少ないはずです。なんとなく、独創性がありそうだから、なんとなくユニーク、以前ヒット商品を創ったという理由で貴重な人財の配置をしている限り、なかなかイノベーションは起こりません。

（3）オープン・イノベーションとダイバーシティの関係

　実はオープン・イノベーションとダイバーシティの狙いは同じです。

　オープン・イノベーションでは、ある特定のDNAを持った企業内では、限られた枠内でしかアイデアが出てきません。であるならば発想段階で自社とは違うDNAを持った企業とコラボレーションをして斬新なコンセプトを生み出そうというものです。一方、ダイバーシティは、わが国では政府主導で女性管理職比率を上げようということばかり目指していますから、女性ばかりに目がいってしまいますが、本来ダイバーシティが狙っているのは、特定市場のキーパーソンに近い属性のキャラクターを社内に取り入れ、製品開発のヒット率を上げることです。単に製造拠点として海外進出してきたのは昔の話で、進出先の市場シェアを取っていかなければ、おおむね縮小していく我が国市場の分を取り戻すことができないわけで、本来であれば、進出先のナショナルスタッフを意思決定にどんどん取り入れていかなければ、その国

の本当のニーズはくみ取れないはずです。

（4）内なるイノベーションの大切さ

　イノベーションを今後本気で起こしたいと願うのであれば、イノベーションの各段階に最適な人財配置が必要ですし、ダイバーシティをお題目ではなく、市場戦略と合わせて戦略的に実行していく必要があります。つまり、異質を求め、尊敬し、お互いを高めあう姿勢が本当に求められるわけです。ところが国内、海外問わず現場で見かけるのは、自分達と違うからという理由での排除合戦、出る杭は打つという伝統芸能の数々です。先はまだまだ遠いと実感しています。

　日本企業がグローバル市場で勝ち進むためには、何千年も続いたメンタリティーの変革が求められています。ここ数年現実に起こっているのは、業績が好調であるゆえに、内なるイノベーションの大切さに気付かず（＝世の中に新しい価値を提供できない）、買収されてしまうケースです。企業経営を支援する経営コンサルタントの立場からすると忸怩たる思いがします。

　もし、これを競争と捉えるならば、日本企業は、内なるイノベーション競争に後れをとっていることを認識することができれば、反転攻勢に出るチャンスになります。御社もしくは貴職は横並びで様子をまだうかがい、改革スタートを遅らせますか？今から何年様子をうかがい続けますか？

1-7 ■ 顧客創造（マーケティング）

（1）VUCAのマーケティング

　P・F・ドラッカーの「企業経営に必要なものは顧客創造とイノベーショ

ン。これだけだ。」[4]という言葉が今後も有効であるとするならば、この不透明・不確実な時代の顧客創造（マーケティング）の方向性にそろそろ言及しなければなりません。

そもそもマーケティングとは、簡単に言えば**売れる仕組みづくり**のことですから、ここ数年業績が伸びていないならば、マーケティングが機能していないと判断しなければならないでしょう。

例えばよくある現象として、業績が落ちてきたので、営業部門を強化し、役職定年後の人財は営業職に配置転換することがあります。そもそもマーケティングが機能していれば営業機能はいらないのですが、マーケティングの弱さを営業のマンパワーでカバーしようという逆転現象が起きています。自社が提供しているバリューとそのメリットがターゲット顧客に適切に伝達できているならば、プッシュ＜プルで今の時代は十分にやっていけます。営業のマンパワーを増やす前に、自社が提供しているバリューが弱まっていないか、ターゲットニーズが変化していないか、伝達方法が適切か等々のチェックが必要です。

【チェックリスト】
① Product： 自社が提供している製品・サービスの価値は落ちていないか。本当に欲しているものを創りだしているか。ニーズとミスマッチをおこしていないか。
② Price： 顧客が買いやすい価格設定をしているか？その時だけでなくLTV（Life Time Value：生涯価値）を意識した価格を考えているか。
③ Place： 販路は顧客が買いやすい場所、顧客ニーズが集まるところに設定しているか。
④ Promotion： 顧客が興味を持って自ら取りに行く媒体に露出しているか。

また例えばA事業部は好調なのに、C事業部は衰退の一途という場合Aと

---

[4] ピーター・F・ドラッカー著、上田惇生訳（2001）『マネジメント［エッセンシャル版］―基本と原則』ダイヤモンド社。

Cが全く違う商材を扱うというのはまれで、何かしらシナジーがあるケースが多いです。良いシナジーが活かされておらず、A事業部長とC事業部長が出世競争していればなおさらです。

　この場合は、最適なバリュー・チェーンが構築できていない可能性が高いです。例えば、A事業部がキッチン周りの商材を扱い、C事業部がエクステリア関連を扱う事業だと仮定しましょう。A事業は水回り工事が主体でC事業部は外溝工事が主体になるため、事業や部門を分けるのは会社の理屈としては至極当然ですが、下記のような顧客がいる場合、その事業部の仲が悪いことが致命傷になることがあります。

　顧客のXさんは以下のことを考えています。Xさんは神奈川県で飲食店数店舗を経営するオーナーで、キッチンと庭に一体感があり、本当に自分が居心地が良いと思える空間を自宅に造り、それが良いものであればそのリフォームに5千万円程度費用かかっても安いと判断しています。なぜならば、Xさんは新店のコンセプトを「室内とガーデンが一体感を持った最も居心地の良い空間」としていたからです。要するに自宅はその実験場だったわけです。新店が成功すれば数千万円の工事費はあっという間に回収できます。そんなニーズを持っているXさんに対して、A事業部とC事業部がそれぞれ既製品の最上級品を個別に提案してきました。価格はトータルで数百万円。コンセプトはバラバラです。もったいないですね。そこで4千万円以上のチャンスを失ってしまったわけで、しかもそれは自宅だけですから、上手くいけば十億円程度の店舗展開に食い込める可能性を失ってしまいました。

> 会社の理屈よりも顧客の理屈

（2）内なる掛け算

　不思議なことに、多くの企業の経営理念には大概顧客満足の最大化等々記述されているはずなのですが、それが事業部や部門に落ちると見えない壁が

邪魔をして、自事業部や自部門が扱う製品内での顧客満足No.1という風に概念が変化してしまいます。

一方で当然のことですが、顧客にはそんな社内事情は全く関係ありません。単純に、自分のイメージを具現化してくれる組織・企業を選ぶだけです。

なぜ、今多くの企業は、そのような大きな顧客のニーズに応えられないのでしょうか。

---

① 単一ニーズに応えるだけで十分成長してきた過去の成功法則があった
② 自分が所属している事業部、部門の業績があがれば褒められる人事システム
③ 誰も真剣に経営理念の意味を考えていない
④ 業務の専門分化が進み、その分化した技術を研ぎ澄ますことに無上の喜びを感じるメンタリティー　等々

つまり、ニーズに応えられない＝売れない理由の1つに視野の狭窄という問題があります。一度上手くいったパターンに固執してしまい、そのパターンで動くことがいつのまにか最優先にされてしまい、社員が日々頑張れば頑張るほど、顧客との距離が開いてしまうという現象、言い換えますと**バリュー・チェーンの崩壊**がおきています。

そもそもバリュー・チェーン（Value Chain）とは、マイケル・ポーターが著書『競争優位の戦略』[5]の中で用いた言葉です。ポーターはバリュー・チェーンの活動を主活動と支援活動に分類し、主活動は購買、物流、製造、出荷物流、マーケティング・販売、サービスからなり、支援活動は企業インフラ、人財資源管理、技術開発、調達から構成されると定義しました。バリュー・チェーンという言葉が示す通り、購買した原材料等に対して、各プロセスにて価値（バリュー）を付加していくことが企業の主活動であるというコンセプトに基づいたもので、（売上）－（主活動および支援活動のコスト）

---

[5] マイケル・ポーター著、土岐坤訳（1985）『競争優位の戦略』ダイヤモンド社．

=利益(マージン) と表現されます。

　企業の競争優位を確立するためには、主活動の構成要素の効率を上げるか競合他社との差別化を図ることが考えられます。なお、バリュー・チェーンが企業の競争優位性をもたらす理由は、企業内部の様々な活動を相互に結びつけることで、市場ニーズに柔軟に対応することが可能になり、結果として顧客に価値がもたらされることに求められます。つまり、コストリーダーシップ戦略をとるにせよ、差別化戦略をとるにせよ単にそれを引き出す為の**個々のシステムを独立して構築するのではなく、それらを上手く連結させ顧客に伝達することが大事**ということです。

> 顧客ニーズを原点に今一度バリュー・チェーンの再構築＝バリューの連鎖を考える

（3）オープン・マーケティングへ

　ニーズが多様化・高度化、しかもこれからはグローバル市場での競争に入るわけですから、この内部のバリュー・チェーン崩壊による顧客ニーズとのミスマッチは今後大きな足枷となってしまうでしょう。

　まずは、上述の通り、内部からの立て直しが急務であり、その先にやるべきことが待ち構えています。

　それは、オープン・マーケティングです。単純に考えてニーズが多様化・高度化している現在、自社のネットワークだけでそれをキャッチすることが難しいでしょう。自社内のリソースだけでマーケティングをすることをクローズド・マーケティングと表現すると、その逆の概念で、オープン・マーケティングと言います。

　本来顧客に提供したい、もしくはすべきバリューは何かを定義付け、各バリュー・チェーンでの過不足を分析し、**自社でできないもしくはリソースが**

不足するものは他社とネットワークを組み、最強のネットワークで最高のバリューを提供するという発想です。

例えば、私ごとで恐縮ですが、弊社組織・人財開発のミッションは、今までの固定概念と戦い、次世代経営者人財を育成し、世に送り出し、企業の永続的発展（Going Concern）に資するというものです。コンサルティングファームとして多くのプロ人財（会計士、税理士、社労士等々）を抱えており、現状分析、戦略策定、実践サポート、コーチング、アセスメント等々は十分対応できますが、システム構築のプロがいません。

クライアントの社員数が100名を超える企業になりますと、社長が全社員を把握することが難しくなります。ましてや独立の人事部が少ない中堅以下企業が多い実態がありますので、人事機能をサポートするシステムがどうしても必要になります。そして、人財育成を長期的に実施する場合は、当該育成対象者の育成過程を記録に残し、多角的に分析する必要もありますので、なおさら必要不可欠になります。そこで弊社は卓越なるタレントマネジメントシステムを保有するCYDAS社と手を組み、オープン・マーケティングを実践しているわけです。

> まずは内なる掛け算⇒次に内部と外部の掛け算。

1-8 ■ 自社の提供するバリューは何か?

(1) ブランド力

ブランド（brand）とは、ある財・サービスを、他の同カテゴリーの財やサービスと区別するためのあらゆる概念のことです。要するに他のモノとの違いをわからせるというのが勝負のポイントになります。そもそも、ブランドの語源は、家畜などに押した「**焼き印（burn）**」にあります。昔、農家で

は自分の牛を、他の牛と識別するために熱く焼いた鉄印を押しました。転じてブランドは、**他者との差別化を象徴する言葉になった**と言われています。

問題は、各社によってこのブランド（≒バリュー）の定義がまちまちであり、ブランドはこうでなければならないという決まりがないというものです。トップによっては、弊社の差別化ポイントは価格が圧倒的に安いことであると言う人もいれば、圧倒的品質力や安心・安全であると言う人もいれば、提供スピードの速さと言う人もいます。

要するに、その顧客に他社との差異が認知され、キャッシュがもたらされることによってビジネスが成立する必要があります。

国際競争が熾烈を極める中で、必ず模倣の問題がでてきます。単なるロゴにしか違いがないのであれば、中国を筆頭にアジア圏でのビジネスは難しくなります。商標権で自社の権益を守ることに限界があるからです。そのような環境の中、競争に勝つポイントは、**何年たってもマネされないバリュー**が存在すること。その提供価値が消費者の心に焼き印を押すことができれば大成功でしょう。

(2) ブランド価値の認知にはMVP

MVPとはMinimum Viable Productの略で、緻密にセグメントしたターゲット顧客が欲する最小限の機能に絞り込み、**ターゲット顧客が欲するバリューを体現したもの**です。このMVPが他社の追随を許さないエッジの効いたものであればブランドに価値があるということになります。

「顧客のニーズを満たす必要最小限の製品」で顧客のニーズを検証することを、早期にかつ高速で実施することに意味があります。

当たり前と言えば当たり前と言えることなのですが、実際にはそれはなかなか実現することが難しいです。なぜならば、その当該製品の開発者や研究者の特性が邪魔をするからです。

第1部
転換期の戦略を創り業績を上げる

> エンジニアはスペックを追求するが、顧客が求めているのはベネフィットである

この認識の違いにより、企業側は余計で複雑なスペック開発に走ってしまい、時間を浪費してしまう傾向にあります。

- 製品・サービスの機能や仕様は膨張しがち
- アーリー・アダプターは完璧さよりも早さを重視
- アーリー・アダプターにとって不要な仕様はムダ
- 仕様が多様すぎると、「仕様のどこが顧客にとって不可欠で、どれがムダか」の判断が複雑になってしまう。⇒ **仮説の検証ができない**

大事なポイントを繰り返しますと、「顧客のニーズを過不足なく充足する製

図表1-8　アーリー・アダプター

- 明確で切実なニーズを抱えている
- 新しい製品につきもののリスクを承知で新製品を買ってくれて良い話を広めてくれる
- リスクをとってでもチャレンジしなければならない立場（＝背景に切実なニーズの構造）
- 提供者と運命共同体でありフィードバックが多い

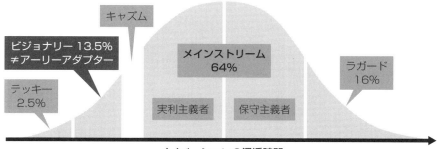

	テッキー	アーリーアダプター	メインストリーム	ラガード
特徴	新奇性自体に興味	切実な課題 人に先んじることが大事	慎重・懐疑的 多くの人が持っていることに安心	周囲が採用しても静観

038

品は何か」を検証するために、ムダを極力省いた製品を使って素早く何度も仮説検証することです。そして、アーリー・アダプターのニーズを過不足なく充たすには「必要最小限の製品」があれば十分なのです。

（3）ビジネスモデルキャンバス～ VPとCSがポイント～

　通常、筆者が所属するみらいコンサルティングの人財育成プロセスにおいては、ビジネスモデルキャンバスを創りながら次世代経営者の視座を高めていきます。我々はいったい顧客に何を提供しているのか。そもそも我々の顧客とはどんな人なのかという経営の原点に立ち返ります。そして、我々が提供したい価値の差別化ポイントはどこにあるのかというブランド戦略にも立ち入って考えることが求められます。

　例えばこんなことがありました。テレビコンテンツの制作会社にて、当初は品質の高いテレビ番組を創ることが、最大のVP（Value Proposition）であると、ほとんどの社員が思っており、最高の品質にこだわり続けて、徹夜続きの日々でした。おそらく業界では断トツの長時間労働です。ただし、根幹は品質へのこだわりですから、誰も厭々やっている者はおらず、それは当然のことと捉えるカルチャーになっていました。

　そして転機が訪れます。創業以来初めての顧客インタビューの時でした。社員一同茫然とした瞬間です。「品質はそこそこでいいんだ。我々が御社と取引を長年続けている理由は、実は【安心感】にあるんです。安心感といっても２つの安心が大事で、納期と番組コンセプトの一致。この２つの安心感が得られないと、我々はどんなに価格が安く提示されても取引はしません。」

　このインタビュー後設計した、我々の本来提供するべきバリューを中心に組み立てなおしたビジネスモデルを図表１-９に例示しておきます。

図表 1-9 ビジネスモデルの例

KP キー・ パートナー **パートナーとの関係** ・広告代理店 ・システムベンダー ・……	KA キー・ アクティビティ **主な活動** ・経営戦略共有 ・プレゼンテーション ・人材育成	VP バリュー プロポジション **顧客にもたらす価値** ・当社に任せることによる安心感 ▶目的共有 ▶納期 ▶品質	CR カスタマー リレーションシップ **顧客との関係** ・案件ごと⇒常時接点	CS カスタマー セグメント **顧客セグメント** ・パレート分析による、上位20%のヘビーリピーター（例：CX編成部のD。局予算年間○億、収録本数年間○本）
	KR キー・リソース **主なリソース** ・コンセプト構築力		CH チャネル **チャネル** ・face to face ・オーナー紹介 ・顧客紹介 ・サロン	

C$ コスト **コスト構造** ・バリューアップ研修 ・機器のリニューアル ・人件費	R$ レベニュー **収益の流れ（売上）** ・収益の70％はAランク顧客からもたらされる ※Aランクとは、リピート○年、事業規模○億以上、当社シェアが70％以上とする

（4）ビジネスモデルキャンバスと人財評価基準

　メインターゲットであるCS（Customer Segment）に提供するVPが的確に設定できたら、あとはそれを実現する主な活動項目をKA（Key Activity）欄に記入します。すると今までの評価基準では見えなかった、価値をもたらす行動が見えてきます。上記の制作会社の例で言うと、顧客の経営戦略を理解することが最も大事なことだったにもかかわらず、明示されていなかった

（気付かなかった）ことにより、誰も意識的に行動していなかったということに気付かされます。

仮に行動している人財がいたとしても、今までは全く評価の対象にならなかった事項です。つまり、この会社がクライアントに提供していた価値（バリュー）≒ブランド価値は、社員の無償の行動によって今まで支えられていたことになります。これらVPを下支えする重要なKAを見える化し、評価基準に落とし込んでいくことを推奨します。なぜならば、最も真似されにくい価値≒ブランド価値を提供する源泉は人財の行動にあるからです。

1-9 人財開発

（1）経営と執行の違い

ここで言う経営とは、「全社のビジョンと経営戦略の設計および全社に影響を与えるコミュニケーション力と部門責任者の育成と配属を指し、執行とは、経営で決められたフェアウェイ上で目標達成のため、与えられた経営資源を駆使し、最大成果を目指す行動」を指します。簡単に言い換えますと、経営とはどこを目指し、どうすべきかを決定し、執行とは、**その枠の中で最大限パフォーマンスを発揮**することを言います。

200人規模の中堅企業で言いますと、経営に携わる人財は5名。役員のメンバーで、会社のまさに頭脳の部分で、それ以下の195名は執行の役割を担います。このような人数構成ですので、一般的に会社での仕事と言いますと、どうしても執行領域をイメージしてしまうケースが多いのですが、戦略を間違えてしまうと、現場がどれだけ頑張っても挽回するのは難しく、「八甲田山死の彷徨」で徳島大尉（弘前歩兵第31聯隊福島泰蔵大尉がモデル）と神田大尉（青森歩兵第5聯隊神成文吉大尉がモデル）2トップの判断により、両チームともに、現場の下士官達は命賭けで頑張っていたにもかかわらず、一

方はほとんどが死亡する結果となり、もう一方はほとんどが生存するというように残酷なまで結果に大きな違いがでてしまいます。

（2）経営に弱い日本企業

　昨今は、多くの企業にとって、国内市場の縮小が大きな脅威になっており、その縮小分を補おうと海外市場を取りにいかざるを得ないという状況です。日本企業は人件費と材料費の安さに目をつけて海外へ進出していった歴史がありますから、どうしても経営と言っても執行に近い人財（≒工場長レベル）が2階級特進で海外のMD（Managing Director）に就任することが今でも行われています。人財育成の面でも、技術・品質向上が優先されOJT中心、しかも技術中心の教育が中心であり、その進出先の国から経営人財を輩出するという発想が見られないため、就職先として敬遠されるという現状があります。日本企業に勤めると優秀なオペレーターにはなれる（ただし、汎用性なし）、しかし、経営人財にはなれないという構造です。一方外資系企業では、高い給与で良い人財を吸引し、自社でしっかり教育し、早い段階で経営に携わってもらい、激変する経営環境の中、経営判断を的確に行うことを実践で試し、小さなトライ＆エラーを積み重ねながらその判断力をさらに磨いていっているわけです。海外に進出して長年経過しても、その国のシェアが取れない理由はそこにあります。

（3）業績を上げながら人を育てる

　なぜ、日本企業では、経営人財を育成することに熱心ではなかったのでしょうか？　中小～中堅のオーナー企業においては事業継承のタイミングが直近に迫ってきて初めて人財育成をスタートする企業がほとんどです。
　今まで様々なケースを経験していますが、人財育成に対する大枠の見方は以下の3パターンに集約することができます。

> ①　ビジネスモデルがこのままでいけると判断すれば、執行だけまじめに遂行しておけばよく、経営人財の育成のプライオリティが下がる。
> ②　ビジネスモデルを変更しなければ生きていけなくなると想定される場合には、経営人財の育成のプライオリティが急遽上がる。
> ③　現経営者の生命力が燃え尽きようとしている場合は、経営人財の育成のプライオリティが上がる。

　現実に起きていることは、①にもかかわらず③というケースと、②と③が同時に起きているケースです。このような状況をふまえると、業績を上げながら人財を育成する**２兎を追う**方法でなければ、オーナーが安心して人財育成に継続的に、しかも早期に取り組むことは考えられないと思うわけです。では、どうやって、２兎を追うのか？その具体論は次章で詳細に解説します。

第2章

業績を上げる

2-1 ■ なぜ多くの経営者が結果だけにこだわるのか？

（1）業績があがらない……

　売上が向上しない。売上目標に届かない。営業利益率が低すぎる……等々毎月試算表ベースで上がってくる数値に経営者は悩まされ続けます。ERPパッケージソフトを導入している企業においては、日々残酷なレポートがあがってきます。これだけハイスピードで数値を突き詰められると、頭脳は数値を追うだけで精いっぱいになってしまい、骨髄反射を開始してしまいます。「売上をあげろ！」と。

　これは、例えて言うならば、みんなが勝ちたいと思っている中で、特に選手が各自限界まで頑張っているゲームで、シュートがなかなか打てずにこう膠着状態の中、「シュートを打て！」「点を入れろ！」とコートサイドで叫んでいるコーチ、監督のようなものです。

　本来、試合中のコーチ、監督はどうしてシュートまで持ち込めないのか、シュートを打ってもゾーンに入らないのかを瞬時に分析し、一生懸命この上なく頑張っている選手たちに、どうやったらシュートを打てる確率が上がるのかをわかりやすく伝達し、流れを変える役割を持っています。

　ところが、経営の現場（主に会議になりますが）やスポーツの試合でよく「点を入れろ」というスタイルを目撃します。これは選手達に言わせれば、「言われなくてもわかってる！俺も点が欲しいんだ！」という気持ちになり、か

えってモチベーションが落ちてしまいます。

（2）経営者が抱える3つの不安

　経営者は様々な不安と闘っており、その不安と闘い続け、常に勝つことを求められる本当に大変な職業です。私はこれらの不安が、思い切った改革を阻害していると考えています。それらの不安をざっくりと類型化すると下記3パターンになるのではないでしょうか。

● 不安その1：未来型の不安感

　将来のことを考えると不安になる。漠然とした不安に捉われる。これは、第1章の冒頭で記述させていただいたように、おそらく過去最大値で不安感が増してきているVUCA環境の影響と思われます。そこで、500年前の戦国時代に戻って考えてみましょう。戦国大名とその大名に従う国衆達に不安はなかったのでしょうか。来る日も来る日も隣国の猛者達と戦さが続き、明日どうなるかなど、誰にもわからず、とにかく日々を生き抜くことしか方法がない。おそらく時の武将たちは、枕を高くして眠れる日などなかったのではないでしょうか。その当時に比べれば、相当今の経営者は楽とまでは言いませんが、やりようがあるのではないでしょうか。国家という枠組みがあり、その中で法律や社会の仕組みが整い、情報も手に入りやすいという環境が整っているわけです。

● 不安その2：現在進行形の不安感

　現状に不満があるがどうすることもできない。これは先程の体育会組織に通じるものがあると考えます。こんなこと理不尽だなあとか、何の意味があるのかなあ（かえってマイナスにしかならないのでは）という思いをほとんど全員が抱いているにもかかわらず、誰も改善・改革への先陣を切らない。お互いが誰かが何とかしてくれないかなあと思いつつ何十年も経過してしま

うパターンです。日本人の「空気を読む」という体質がこれに拍車をかけていると考えられます。誰か先にいかないだろうかと様子を伺い、牽制し合っている間に時間ばかりが経過してしまい、結局何も変わらない、変えられないというパターンです。

● 不安その3：孤独型の不安感

　一人でいることに不安を感じる。そもそも経営者は孤独です。全社員を公平に見なければならない立場なので、特定の社員と仲良くなるわけにもいかず、また、愚痴や不安を正直にこぼしてしまうと、社内・社外にあっという間に拡散してしまい、事業に支障を及ぼしてしまうリスクがあるので、うかうかと本音を身内であっても言うことができません。自ずと孤独になってしまうわけです。孤独を愛することができればよいのですが、日本人は幼少期より、周りと協調して行動することがほぼ強制的に求められ、他者と協調できない子は、ちょっとおかしいという目で見られてしまいます。なかなか昨今の経営環境に耐えられる人財が育ちにくい環境に我が国はあるわけです。

　これら3つの不安感から脱却し、業績を上げる王道を以下（3）に記述します。

（3）固定観念からの脱却

　なかなか現状から脱却できないという根底には、日本人たるもの〜でなければならないとか、トップたるもの〜でなければならないという固定観念があるのではないのかと推察します。ただし、もし、みなさんが先駆者（ファースト・ペンギン）になりたいと強く願うのであれば、それら不安感から脱却し、目覚しく成長できる道標を以下4ステップに基づき、行動を開始してみましょう。

- **STEP1：業績があがらない真因を捉える**

　ロジックツリーをフル活用し、真因を特定します。5 times Why という言葉がありますが、5回なぜを繰り返せば必ず真因にたどり着くという保証はないものの、4〜5回繰り返すと、人の問題になってくるということがわかります。知らなかったからとか、やったことがないとか、前例がない等です。

- **STEP2：反転ビジョン**

　真因を反転させて見えるあるべき姿をわかりやすく描きます。別に言葉である必要はありません。大事なのはその世界感をメンバー全員に伝えるということですから、それが絵画であってもかまいません。絵に描けるということは、達成したい世界感が自分にだけは見えているということです。ファースト・ペンギンにはそもそも、はじめからついてくる人はいません。であればこその先駆者なわけですから。

- **STEP3：戦略**

　ビジョンに到達する道筋を考えます。どうすればそこに到達することができるのか。この辺りから、そろそろメンバーとともに考える必要が出てきます。実際に険しい道のりを登る当事者達が途中で心を折ることのないルートを設定する必要があるからです。

- **STEP4：伝える・巻き込む**

　ここまできたら、あとはビジョンと戦略をわかりやすく全メンバーに伝え、巻き込むことが必要になります。これができれば孤独感も少しは薄まるのではないでしょうか。同士＝理解者は頼もしい味方になってくれます。

固定観念が根強い理由：業績が上がっていれば、今までのやり方を変えず、伝統を守ることができ、かつ周囲から浮くこともなく、安心であり居心地が良い。だから今まで通りのやり方をついつい求めてしまう。

2-2 ■ 良い結果を出すには、良いプロセス

（1）残念ながら、いきなり結果はでません

2-1で記述した通りに、固定観念から脱却し、不安を払拭したとしても、すぐに結果が出るわけではありません。意識を変えて行動変容を促すには時間と労力をかける必要があります。なぜならば、人間が行動を変えるには、以下の行動変容の5つのステージを通ると考えられているからです

> 「無関心期」→「関心期」→「準備期」→「実行期」→「維持期」

行動変容のステージを1つでも先に進むには、**対象の人が今どのステージにいるかを把握し、それぞれのステージに合わせた働きかけが必要になります**。それぐらいの労力をかけなければ、長年染み付いた人間の習慣を変更するのは至難の業だからです。

なお行動変容のプロセスは、常に「無関心期」から「維持期」に順調に進むとは限りません。いったん「行動期」や「維持期」に入ったのに、その後行動変容する前のステージに戻ってしまう「逆戻り」という現象も起こり得ます。

（2）結果には原因がある～朝ごはんをたべると、成績が上がる？～

「朝食をちゃんと食べる」という事実と「成績の良さ」に相関関係があっただけで、それは因果関係、つまり「朝食を食べる」⇒だから「学力が向上する」ということにはなりません。これが相関と因果の違いです。相関とは、2つの事象に「関連性がある」ということを示しているだけであって、一方

が原因でもう一方が結果であるという「因果関係」を証明するモノにはなりません。朝食と学力の相関を考えるのであれば、「朝食」というたった1つの事象にフォーカスするのではなく、「毎朝ちゃんと朝食を食べるということはどういうことだろう？」という、その生活背景まで洞察していく必要があります。

（3）洞察力を鍛える

　企業のトップが今、最も業績と関係の深い相関と、その奥に潜む因果関係を明らかにしたい対象は顧客に関してです。

● 顧客洞察

　例えば、ある飲料メーカーにおいて「コーヒー飲料における市場シェアが落ちている」との議題があがったとします。通常のアプローチであれば、「なぜシェアが落ちているのか」を調査するところですが、顧客洞察のアプローチは違います。まず「我々は今まで何をやってきたのだろう」「競合他社は何

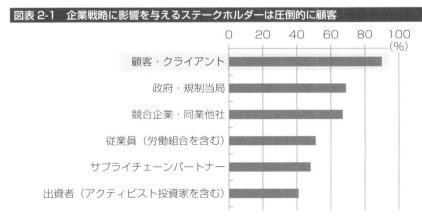

図表2-1　企業戦略に影響を与えるステークホルダーは圧倒的に顧客

注：「かなり大きな影響を与える」または「きわめて大きな影響を与える」と答えた回答者。
出典：PwC（2016）「第19回世界CEO意識調査」より抜粋。

をやっているんだろう」「関係ありそうなテクノロジーは何だろう」といった切り口でデータを収集し、得られたデータをもとに「なぜ市場シェアが落ちているんだろう」ではなく「なぜ、人間はコーヒーを飲むのだろう」と考えていきます。「くつろぐため」「気分転換のため」「集中力を高めるため」「ダイエットのため」……等々顧客は何かしらに価値を認めて当該製品を購入しているわけで、いかにシェアが落ちたか＝その価値が落ちているのかという仮説を立てられるかが重要です。仮に上記飲料メーカーのメインターゲットである30代前半の年収1,000万円のターゲット層が「集中力」が欲しくてコーヒーを飲んでいるとするならば、近年集中力向上をうたって市場に出てきた、1本1,000円のエネルギードリンクや夜間ぐっすり眠れて昼間の集中力向上をうたう、1本5万円のオーダーメード枕を競合として意識しなければならないということになります。

顧客洞察のためには人類学、哲学、社会学、文化人類学等々の幅広い教養と今までにはないアプローチが必要になります。

● 最も深い洞察方法：エスノグラフィ

「エスノグラフィ」とは、デザイン思考と呼ばれるイノベーションを起こす方法や考え方の文脈で行われるユーザー観察の手法の1つです。エスノグラフィは「エスノ（民族）」と「グラフィ（記録）」から成る言葉で、エスノグラフィはもともと、文化人類学や社会人類学の中で、あるコミュニティにフィールドワークとして入り込み、その中での行動様式を記述し、価値観を見出していく手法として使われていました。それを社会デザインやビジネス、マーケティングなどの課題解決に応用し、目に見える形の事例が紹介されたことから、近年、メソッドだけではなく関連企業の事例などが注目されています。

例えば、小学生向けに運動靴を開発するのであれば、「小学校の運動会」へ数人のメンバーで行き、邪魔にならないように行動を観察（シャドーイング）したり、必要に応じてインタビューを実施したりして、写真やメモに「記録」

します。そして、コーナーで多くの子供達が転ぶ姿に気が付きます。気が付くだけでは、開発に結び付かないので、もう一段考察を深めます。どうしてコーナーで多くの子供達が転ぶのかを考えます。ソールが左右対称なので、外側に体重がかかるとその加重に耐えられなくなります。そこで、ソールを左右非対称にし、外側にかかる荷重に耐えられる構造にしたらどうなるか。こうして誕生したのがアキレス社の「瞬足」です。

2-3 ■ KPIとは

（1）KPIの一般的定義：Key Performance Indicatorとは

　筆者がコンサルティングでKPIを活用し始めて10年以上経過し、世の中における認知率も高まってきたので、詳細説明は割愛させていただき、ここではポイントを絞って解説します。
　KPIとは主要業績評価指標のことで企業の事業収益を構成する主要なパラメータのひとつです。企業の将来性を含めた評価を可能にします。そのために、財務関連の数値をベースにした従来の業績評価のみならず、ブランドの力、顧客のロイヤリティ、社員のナレッジなどといった、言わば無形とも言える企業資産を数値化しつつ、これにおける関連性を明確にしていきます。このような主要業績評価指標に基づくことで、共通目標に向かって進むための社員間コンセンサスをとることが可能になります。

（2）KPI導入のメリットと留意点

　KPIは、情報化や業務改革などのプロジェクトで期待する目標や効果に対し、その達成度合いを定量的に測定するための評価指標です。KPIごとに設定した数値目標に対する達成率が低ければ、その原因を分析し、情報システ

ムや業務プロセス、組織体制などの見直しにつなげていきます。

　KPIを導入するメリットは、定量化の難しい定性的な目標であっても、達成度合いを測定できることです。この点から、特に最近のIT投資案件でKPIの活用機運が高まっています。最近のIT投資案件は、その目標（期待する効果）を数値化しづらいため、言葉だけで表現したものになりやすい傾向にあります。そのままでは、後々、目標に対する達成率を判断できないデメリットがあります。

　例えば、「市場でのリーダーシップの確立」や「顧客満足度の向上」、「サプライチェーンの合理化」といった戦略的な目標を掲げ、IT投資によって新しい情報システムや業務プロセスを導入した場合を考えてみましょう。目標が言葉で表現されたままでは、導入後、期待する効果に対する達成度合いを事後評価することができないのです。

　こうした定性的な効果目標を、定量的に評価できる指標へと"翻訳"したものがKPIなのです。KPIと数値目標を設定しておけば、システム稼働後の成果を、短いスパンで定期的かつ定量的にモニタリングすることができます。

　KPIを決める際には、**期待する効果とKPIとの因果関係を定義**し、KPIに対する実績値の入手方法を明確にしておきます。これらをドキュメント化しておけば「実績データを取るのに予想外のコストがかかる」といった問題に陥りにくいほか、データを基に分析、フィードバックしやすいからです。また、KPIを見直す際にも役立ちます。なおKPIの実績値は、情報システムから自動的に収集できるようにするのが理想ですが、場合によっては社内アンケートや社外の市場動向調査などから入手するケースもあります。

　ある効果目標に対するKPIは、企業ごとに異なります。個別に最適なKPIを決めるしかないからです。例えば、あるIT投資案件で「顧客満足度向上」という効果目標を掲げたら、「納期順守率」や「顧客へ製品を納めた時点での不良率」、「指定時間通りの出荷率」、「顧客からの苦情件数」などをKPIとし、それぞれに数値目標を定め、その実績値をモニタリングするわけです。

　また、KPIに財務指標を適用するケースもあります。例えば「株主への価

値向上」という目標に対しては、「ROE（株主資本利益率）」や「売上高経常利益率（経常利益÷売上高）」などをKPIに設定することはできます。

KPIの候補は、コンサルティング会社やITベンダーがひな型として用意していることが多くあります。さらにバランススコアカード（BSC）の関連書

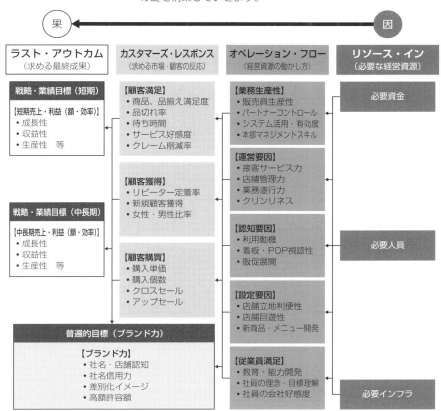

図表2-2　KPI 全体像

籍にも紹介されています。なぜなら、KPIという評価指標の考え方は、BSCから生まれたものだからです。

図表2-3はあくまでサンプルです。本来は企業それぞれの業績とプロセスの因果関係を紐解いていく必要があります。

図表2-3 「財務」「顧客」「業務プロセス」「学習と成長」の4つの視点から見たKPIサンプル

	1．財務的な視点による業績評価指数		3．業務プロセスの視点における業績評価指数
1	総資産（金額）	1	一般管理費率（一般管理費／総収益）（％）
2	従業員1人当たり総資産（総資産／従業員数）（金額）	2	顧客処理時間（時間）
3	総資産収益率（収益／総資産）（％）	3	納期厳守率（％）
4	新製品や新事業からの収益（金額）	4	平均リードタイム（時間）
5	従業員1人当たり収益（金額）	5	製品開発のリードタイム（時間）
6	総資産利益率（利益／総資産）（％）	6	発注から納品までのリードタイム（時間）
7	新製品や新事業からの利益（金額）	7	納品のリードタイム（時間）
8	従業員1人当たり利益（利益／従業員数）（％）	8	生産のリードタイム（時間）
9	市場価値（金額）	9	平均意思決定時間（時間）
10	純資産利益率（％）	10	在庫回転率（回数）
	2．顧客満足の視点における業績評価指数		4．学習と成長の視点における業績評価指数
1	顧客数（企業数、人数）	1	リーダーシップ指数（点数）
2	市場占有率（％）	2	モチベーション指数（点数）
3	顧客1人当たり年間売上高（年間売上高／顧客数）（金額）	3	従業員数（人数）
4	失った顧客数（企業数、人数または％）	4	従業員回転率（％）
5	接客時間（時間）	5	従業員平均年齢（歳）
6	従業員1人当たり顧客数（顧客数／従業員数）（顧客数または％）	6	従業員平均勤続年数（年）
7	接客回数当たり契約数（契約数／接客回数）（％）	7	教育・研修時間（日数／年）（時間）
8	顧客満足度指数（％）	8	臨時社員の比率（臨時社員数／正社員数）（％）
9	顧客ロイヤルティー指数（％）	9	従業員の大卒率（％）
10	顧客1人当たりコスト（コスト／顧客）（金額）	10	平均欠勤率（％）

2-4 ■ KPI運営の真髄（仮説思考・想像力・見える化）

（1）最初はすべてが仮説

　戦略を設定し、狙ったゴールを達成するには、どうすればよいのか？を考える際、いきなり正解を出すのは至難の業です。Best を狙わずに、**Better** のもので最初はよいかと考えます。なぜならば、仮説検証をしながらより研ぎ澄ましていくことが仮説思考の真髄だからです。

　では、どうやって Better の KPI を設定したらよいのでしょうか。コツが1つだけあります。やはりここでも真因分析です。例えば、毎年筆者がバスケットボールのコーチをしていて悩むことがあります。ボールを運ぶ役目のガードが、相手のディフェンスが来ると止まってしまうのです。単純にディフェンスを抜けばよいだけなのですが、抜けない。止まる。止まると他の敵にあっという間に囲まれてターンオーバー（敵陣にボールが渡ってしまうこと）です。では、なぜ抜けないかを観察し、考えます。右から左に切り替える時にどうもバランスが悪い、ぐらついてしまう。上手く切り替えられないから、右のまま行く。パターンが読まれてしまい、右前方にいつもディフェンダーが待ち構えている。止まる。そこで切り替える時にぐらついてしまうのは、体幹がしっかりしていないのに違いないと仮定し、確認してみることにしました。準備体操時に、全メンバー横並びに配置させ、床におちた500円玉を拾うイメージで片方の足で立ち、もう片方の足は床と並行の状態で30秒キープにチャレンジです。体幹のしっかりした選手であれば2分程度はグラつくことなく静止できるのですが、案の定筆者のチームの選手たちは、わずか10秒でグラグラと悲惨な状況でした。それから片足で立つトレーニングを必ず準備運動に取り入れるようにし、自宅でも実施することを推奨し続けてきました。1年後の試合では、自分達よりも15〜20cm程大きい相

手の脇をすり抜けレイアップシュートがきれいに決まるようになりました。

● 仮説思考

仮説とは、「仮の結論」のことです。つまり、仮説思考とは、限られた時間、限られた情報しかなくとも、必ずその時点での結論（仮説）を立案し、実行に移し、そして、その結果を早く検証して次のステップ（より精度の高い仮説立案）につなげていく思考方法です。

正しい結論を出そうと、手当たり次第の情報収集とその分析という試行錯誤を積み重ねても労力と時間がかかるだけで、大した結論が出ない場合が多いものです。刻々と変化する時代においては、このスピードが命運を分けます。時間をかけて綿密な分析によって精度を高めようとするよりも、短時間で"ざっくり"でいいからあるレベルの結論を出し、早くアクションに結びつけることが重要であり、そのほうが最短距離で結論（ゴール）にたどり着けるのです。

- アクションに結びつく結論を常に持つ……………………結論の仮説
- 結論に導く背後の理由やメカニズムを考える…………理由の仮説
- 「ベスト」を考えるよりも「ベター」を実行する ……スピードを重視

（2）見える化が肝要

● 見える化の目的とは

「見える化」の指標は、問題解決や改善・改革を進めるための核になる情報であり、その情報を念頭に改善すべきもので、良い結果に結びつけるためのプロセス改善活動です。また、「見える化」指標は、本来現場の管理職が判断するべき指標にも当たり、社員である限り、常に念頭に入れるべき重要な指標でもあります。従来、自分に都合の悪い情報は、関係者だけに囲われ、関係ない人には、秘密とされました。これでは、問題の所在はうやむやにされ、

図表 2-4 仮説思考のアプローチ方法

仮説思考

・単なる状況分析・解説
A 体重が増えた
B 東京地区の売上高が極端に低下

SO WHAT
だから何？

・仮説設定（理由・結論）
A 運動不足
　→スポーツクラブへ週3回行く
B セールス力が弱い
　→東京地区に優秀な営業担当者を配備し、同時に販売促進費用増加

- 仮説とはアクションに結びつく戦略的判断である
- 単なる状況分析や解説は、ビジネスの現場では意味を持たない

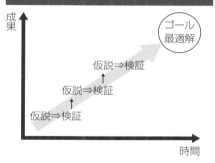

根本的な処置もなされず、担当者が変われば、忘れられるものとなります。そこで、都合の悪い情報を含め、**業績に影響を与える鍵となる情報やデータを「見える化」し**、相関と因果関係がありそうな（初期段階は仮説でOK）事項をKPIで設定し、定期的にKPIに対する活動量と業績結果を分析し、将来起こりうる問題に早めに対処する意識と重要性を現場に抱かせ、自ら改善する気持ちを育て、改善を促すのが、「見える化」の最大の目的となります。

（3）見える化サンプル（管理会計で生産性を上げる）

　図表2-5は、あるメーカーにてKPIの結果を検証するために、全部門の管理会計制度を立ち上げた時の事例です。コストの生命線である設計部門のサンプルです。この設計部門の頑張り次第で、原価率が変わり、工場のオペレーションが変わり、営業職のセールストークが変わります。以前は、全社

第1部
転換期の戦略を創り業績を上げる

図表 2-5　結果の見える化（管理会計導入）：Before

現状の想定

全管理職への依頼事項：自分の力で、自部門のPLを作成し、生産性を1.5倍以上にせよ！

技術課サンプル
- X期期首＝現状仮説

今まで隠れていた売り上げを仮説で設定できるかがポイント

	項目	単価	数量	計
売上	設計料　検討図面	100,000	40	4,000,000
	設計料　本設計	300,000	30	9,000,000
	立上調整費用	40,000	600	24,000,000
	技術サポート	100,000	20	2,000,000
	製品改善費	3,000,000	1	3,000,000
	仕様書・図面管理費用	40,000	250	10,000,000
	調色費用	30,000	200	6,000,000
	原液試験費用	40,000	30	1,200,000
	売上計			59,200,000
支出	給与	5,000,000	7	35,000,000
	設備費	3,000,000	1	3,000,000
	支出計			38,000,000
営業利益	営業利益			21,200,000
総労働時間	1人当たり月間労働時間	月数	人員	
	200	12	7	16800
部門指標				1,261.90

営業利益を総労働時間で割り、部門生産性の指標を算出する。

　1本の財務会計のみで、管理部門の売上は当然ゼロでした。そこで、その仕事を外注に出したらいくらかかる仕事なのかをざっくりと見積もりしながら売上欄を設計していきました。支出項目は主に人件費です。売上から経費を引いてみなし営業利益を出し、その額を実労働時間で割った値を生産性指標としました。

　全部門、この生産性指標を年度末には期首の1.5倍を目指し（ゴール設

図表2-6 結果の見える化（管理会計導入）：After

あるべき姿の設定

- X期期末＝目標　　　　　　　　　　　　　　　　　GAPを新KPIで埋める

	項目	単価	数量	計
売上	設計料　検討図面	100,000	50	5,000,000
	設計料　本設計	300,000	90	27,000,000
	立上調整費用	40,000	400	16,000,000
	技術サポート	100,000	20	2,000,000
	製品改善費	3,000,000	1	3,000,000
	仕様書・図面管理費用	40,000	250	10,000,000
	調色費用	30,000	200	6,000,000
	原液試験費用	40,000	30	1,200,000
	売上計			70,200,000
支出	給与	5,000,000	7	35,000,000
	設備費	3,000,000	1	3,000,000
	支出計			38,000,000
営業利益	営業利益			32,200,000
総労働時間	1人当たり月間労働時間	月数	人員	
	200	12	7	16800
部門指標				1,916.67

倍率　　1.52

- 本設計を3倍にし、検討図面を10単位上乗せするために、
①最終技術を学び
②特許情報を学び
③基本設計に新概念を取り入れ
④既存顧客に対する提案回数を増やす

- 立上調整回数を200工数減らすため
①関係部署に事前に情報を提供し
②考えを事前にまとめ
③会議時間を半減させる

- 現状打破とは、この指標が1.5倍以上の状態を指す。

定）、どうすれば達成できるか頭を悩ませながらKPIを設定していきました。全社の要である設計部門の仮想売上を伸ばすには、本当に価値（バリュー）のある仕事を増やしていく必要があります。それは本設計に該当する項目です。スタート時には月間2〜3本の設計しかできていませんでした。本設計の増加を阻害している要因が、立ち上げ調整費用の年間600本という数字でした。これは何かと言いますと、部門間調整会議です。設計が変わることに

より、関係する部署全てを呼んで（購買、製造、機械、品質管理、開発、営業等々）それぞれの部門の変更点を確認しあう必要があったわけです。1つの会議が平均2〜3時間、それが年間600回あったわけです。数値を見ているだけで具合が悪くなってきます。

会議の様子を見て、見える化が成功してきたと思える瞬間がやってきました。会議当日、関係各位が席についてから、図面を広げ、これが新製品の設計図ですと説明が始まります。着目したのは、この設計図が3日前にできているという事実です。

対策として、事前に設計図を回覧し、各部懸案事項をピックアップしてから会議に臨むというKPIを設定し、努力した結果が図表2-6です。本来業務の本設計の数が3倍に伸びました。もともとまじめで実直な社員が多い会社ですから、正しいことを徹底してやれば結果は自ずとついてきます。なぜこれができなかったかと言うと以下が原因です。

① 長年の伝統を疑ってかかる人がいなかった
② 何が大事で何が大事でないか、目で見てわかるようになっていなかった
③ 目で見えていなかったので、因果関係を考えるきっかけがなかった

2-5 これこそがPDCA（相関分析）

（1）PDCAの真髄

PDCA（Plan Do Check Action）の回数を増やせば業績が上がると言われていますが、そのような業績向上に貢献するPDCAサイクルを構築できると理想的です。上述の通りDは高いレベルにあるわけですから、経営人財はPとCに注力すれば良いわけです。

● Pを頑張る

　前章の仮説思考を研ぎ澄ませることです

● Cを頑張る

　バスケットボールを例にとります。試合終了後に反省会を開いても手遅れです。試合が終わってしまっているからです。まさに後の祭りで、ハーフタイムまでにCができれば後半は前半と違う動きになります。1クオーター中にできれば2クオーターの動きが変わります。開始1分でできれば、残り9分の動きが変わります。

　経営も同じで、Cが早ければ早いほど、残りの時間で違う動き＝違う成果を期待することができます。

（2）相関分析

　それでは、そのCを実際どのように実施するかと言いますと、相関分析を実施します。2つの変数xとyがある時に、xの変化に伴って、yも変化するような関係を「相関関係」と言います。相関関係を調べるには散布図や相関係数を用います。相関関係には正の相関関係と負の相関関係、無相関に分けられます。

　①正の相関関係：xが増加していった時、yも増加している。xとyが比例
　　　　　　　　している関係。
　②負の相関関係：xが増加していった時、yは減少している。xとyが比例
　　　　　　　　（傾きが負）している関係。
　③無相関：xとyに関係が見出せない。

　相関の強さを客観的に表すために、数値で表したものを相関係数と言います。一般的に相関係数は、アルファベットのrで表し、ある計算方法によって導くことができます。相関係数rは、必ず$-1 \leq r \leq 1$の範囲におちつき

ます。

● **実務上でのポイント**

数学ではrが0.2以上のものを一応相関があると言われますが、ビジネスの実務では絶対値0.5以上のものを残すことを推奨します。0.5以上のKPIを残すことにより、無駄なこと（＝結果と関係のないコト）にパワーを注がなくてすむようになりますから、創出した時間で経営について考察する時間にあてていただければと願っております。

2-6 ケース①流通小売

【現状】
- 全国チェーン店のある地方のモデル店舗に設定されたお店が、大変な状況にありました。1km四方に競合店が3店舗あり、業績は年々右下がりの状況でした
- エリア長、店長の経営スキルが不足しており、何をしたらよいかパニック状態でした（出てくる施策はいつものお気に入りのリニューアルのみ）

【要望】
- 業績のV字回復
- プロジェクトメンバーに対する経営人財としての育成

（1）主に実施したこと

● **競合に打ち勝つための競争戦略（局地戦）**

とにかく、このモデル店舗は大変厳しい競争環境にさらされていました。

1km四方に競合店が３店舗あり、当該店舗はナショナルチェーンでありながら（他の３店舗はローカルチェーン）エリアシェアが最下位というまさにどん底からのスタートでした。

競合の中でも、圧倒的に強かったA店は、地元の精肉店からスタートし、地域の方に愛されながら業態を拡大してきたスーパーです。一方当方は仕入れが全国統一だったため、お肉のボリュームも品質も自店は全くかなわない状況で、精肉売り場が特に店舗業績悪化の主要因でした。

そのような状況でしたので、競合店ごとに緻密なSWOT分析を実施する必要があり、毎週ミーティング開始前に私服の基幹職員を引き連れ、競合店に入り込み、詳細情報を仕入れることを習慣づけました。

その結果として、対抗戦略として以下の方針を設定しました。「肉を切らせて魚売る」です。全国平均的なレベルではどうあがいても勝ち目のない精肉売り場を大胆に縮小し、その代わり差別化の可能性がある鮮魚売り場を他の競合店に比較して品質と量で圧倒するという作戦です。

鮮魚売り場が充実すれば、季節ごとの料理メニューを打ち出し、他の売り場とセットで客単価を上げていく（買い回り点数向上）ということも上記の作戦には含まれております。

ところが、スポットライトを当てたいと思っていた鮮魚売り場は、顧客アンケート結果を読み解くと、大変不評で、不満の第1位が「鮮度が悪い」第2位が「品ぞろえが悪い」第3位「不親切」ということで、当初良いところを見つけることができませんでした。

とはいえ、最下位からの脱出のためには、ピカピカの武器がどうしても必要で、競合分析の結果は鮮魚売り場しか考えられなかったので、会社の全精力を注ぎ込んで、地域最強の鮮魚売り場を一から創ることにしました。

● 抜本的人事異動

社長直轄のプロジェクトであったため、まずはマーケティングセンスのある事業部長に変更していただき、全店舗から選抜された最優秀の店長と最優

秀の部門チーフを集めていただきました。この組織で最優秀という意味で、実務には明るいのですが、経営という観点ではほとんど教育をされていませんでした。

緻密な対抗戦略を構築しながら、今回はマーケティングに重点を置き、必要なスキルは全て伝授しながら即実践で活用していきました。

非常にハードな日々でしたが、なんとか変えなくてはという意識がとても高く、決して逃げることはない強いチームができあがりました（チームビルディング）。

● ノウハウの見える化

顧客からのクレームの第1位の「鮮度が悪い」には、魚の捌き方も相当に影響します。同じ魚でも包丁の入れ方でおいしそうにもまずそうにも変わってしまいます。

部門チーフは、「とにかく若い者は修行が足りない。魚種が変わると全く対応できない。一人前になるには8年かかる」とおっしゃいました。8年も待っていたらお店が潰れてしまいますので、なんとか短時間で全魚種を高いレベルで捌く技術を若手にマスターしてもらう必要がありました。これができなければ顧客からのリクエストにも臨機応変に応えることができず、クレーム第3位「不親切」のレッテルをはがすことができません。

そこで、ノウハウの見える化を実践してみました。腕前の良いチーフが捌いているところを動画で撮影しました。つまり動画マニュアルです。特に魚の捌き方などは文章で書いてしまったら、非常にわかりにくいですし、結局は読んでもわからないものは活用されず、元の8年かけて親方の背中を見て覚える（盗む）パターンに戻ってしまいます。全魚種分を撮影し、若手にはこの動画を見て学習する時間をKPIに設定しました。

● システム投入

強化対象の鮮魚売り場だけでなく、全部門の全棚の回転率を記録にとり、

1週間単位でPPM分析を行いました。PPMとはProduct Portfolio Managementの頭文字をとったものです。PPMでは、**市場成長率**の縦軸と、**相対マーケットシェア（市場占有率）**の横軸の2軸をおいてマトリックスを作り、**現在の自社の事業が以下で示す4象限のどこに位置するかを特定し**、各事業の方向性を検討します。

▷▷▷ 問題児

市場成長率が高く、相対的シェアが低いのが「問題児」です。市場は成長していますが、シェア拡大のために投資を続ける必要があるため、金食い虫となります。ただし、「問題児」は後述する「花形」に化ける可能性があるので、腰を据えて育成していく必要があります。

▷▷▷ 花形

市場の成長率、相対的シェアともに高いのが「花形」です。「花形」では、十分な売上が得られる一方で、設備投資がかさむため、十分な利益は望めません。現在のシェアを維持しながら、成長のための投資を引き続き継続し、後述する「金のなる木」に育てる必要があります。

▷▷▷ 金のなる木

市場成長率は低く、相対的シェアが高いのは「金のなる木」です。市場成長率や競争度が低下しているため、投資の必要性が相対的に低下していくものの、高いシェアを獲得しているため、十分な利益がもたらされます。しかし、後述する「負け犬」にいずれ衰退するため、投資した金額を早めに刈り取ることが必要となります。

▷▷▷ 負け犬

市場成長率も相対的シェアも低いのが「負け犬」です。この段階に位置するようになったら、早期撤退か売却などの意思決定を検討が必要となります。

とにかく各棚でスターと金のなる木の商品を創っていき、そのためには問題児をいかに急速にスターに育てるかの作戦をチーフクラスで考え、その実践行動をKPIで設定しました。

全部門の全棚のデータ管理をしますと、かなりのアイテム数になりますので、もはや紙で分析するのは不可能です。そこで本プロジェクトにシステム部長に参画いただき、毎日のKPI投入量と日商の相関、一週間単位のPPMグラフ（全部門全棚分）の作成・シミュレーションシステムを構築していただきました。

（2）ターニングポイント

● カニバリゼーション[1]

エリアでのシェアが2位までランクアップし、もう一息で地域一番店になれるところまで回復してきましたが、そこから勢いは止まり、8週間くらい2位のままだった時、これはNo.1の精肉が強い競合店の影響ではなく、何か別の要因があるはずと考えるに至りました。なぜならば、後述する抜本策を施し、どう考えても顧客支持率No.1に躍り出たのにもかかわらず、顧客支持率ほどには業績が向上してこないからです。

ペルソナ[2]インタビューを経てその疑問が解ける瞬間がやってきました。週末のカニバリゼーションです。このエリアで30代～40代の夫婦は小学生の子供達を連れて車で約1.5時間の大型ショッピングモールに出かけてしまう傾向にあったのです。ちょっとした遠出のついでに買い物も済ませてしまうのです。これではいくら地域No.1の支持率を得ても業績は伸びません。

---

[1] cannibalizationとは、「共食い」の意味で、マーケティングにおいては、自社商品の売り上げがそれと類似する自社の別の商品の売り上げを奪ってしまう現象のことを言います。例えば、新商品を投入した結果、既存商品のユーザーが新商品の方にスイッチしてしまい、企業全体としての売り上げが期待通りに上がらない、あるいはかえって低下してしまう、というようなケースが、比較的多く見られるカニバリゼーションの例です。

ただし、光明があったのは、その大型ショッピングモールが同系列の経営体だったことです。アライアンスを即座に組み、対策を取りました。

● サプライチェーンの変更

鮮魚売り場のクレーム第1位が、鮮度が悪いということでした。これはいくら包丁の技術を磨いてもクリアできません。もともと仕入れている魚の鮮度が悪ければ、その仕入れから変えなければなりません。とはいえ、全国チェーンですから全国流通網が統一されているので、いくらモデル店舗とはいっても、そう簡単には仕入れを簡単に変えるわけにはいきません。

社長直轄プロジェクトの強みを活かし、ここは社長に頑張っていただきました。これを変更しなければピカピカの武器を手に入れることができないからです。

流通と魚種の豊富さで強みを持つ隣県の巨大水産会社に仕入れを変更していただきました。

● ペルソナ設定によるニーズ特定

当該店舗が大型スーパーですので、開店から閉店まで、様々な顧客が来店されます。様々な顧客の様々なニーズに応えることができれば最高なのですが、どこかに軸を設定しないと、お店の顔がぼやけてしまいます。そこで、以下のようなファミリーにターゲットを当てることとしました（ペルソナ設定）。

---

[2] personaとは「仮面」という意味で、「架空の消費者像」を設定し、そのペルソナのニーズに合致するコンセプトを考えます。従来型のマーケティングでは、人口動態や地理的変数によるセグメンテーションを行い、消費者像を曖昧に把握するにとどまっていました。そのため、部門をまたがると、担当者によって描くターゲット像がぼやけてしまう問題が指摘されていました。そこで、その人物のパーソナリティ、将来設計、口癖、価値観などを細かく把握することで消費者像をより明確にします。このような「明確な消費者像」の設定は、エッジの効いた製品開発につながることが期待できます。

> - 1戸建て、9人家族。3世帯同居
> - 世帯主：為蔵（75歳）農業、妻：きぬ（68歳）農業、長男：為良（40歳）公務員＋農業、長男の妻：良子（38歳）農業手伝い、次男：為次（38歳）公務員＋農業、次男の妻：君江（33歳）農業手伝い、孫1：陸（14歳）中2、孫2：海（10歳）小5、孫3：空（5歳）幼稚園年長
> - 軽トラック3台、セダン1台、ワンボックス2台、軽自動車2台所有
> - 100インチ大型モニタ周辺で一家団欒。夕食は全員そろって食べるのが家族の決まり
> - 週末は長男、次男家族でワンボックスカーに乗って大型ショッピングモールで過ごす
> - 世帯年収1,400万円

　ペルソナの家計簿計算をして改めてわかったのですが、食費だけで毎月20万円以上使っていることがわかりました。自宅の借金もなく、大変安定した家計ですので、消費性向としては、とにかく上質なもの、体に良いものにこだわる傾向が顕著です。そして食べざかりの孫がいることからボリュームがあるものを選ぶ傾向にあることもわかりました。

　上記ペルソナは、この地域一帯に最も多い家族形態です。都心よりもある意味豊かな食生活をおくっています。道理で全国統一基準で勝負しているこの店舗が苦戦していたわけです。

●チラシをやめる

　スーパー業界では当たり前の販促ツールであるチラシを中止しました。なぜならばKPIデータ分析の結果、チラシをまいても、まかなくても来店数に差が出てこないという事実が判明しました。おそらく、一度来店して気に入ったらずっとそのお店に通う、もしくは売り場の使い分け（肉はA店、魚はB店、日用品はC店等）が固定しているという背景が影響していると考えられます。そうであるならば、勝負をかけるべきはチラシではなく、来店されたお客様を他の売り場にも誘導する売り場間の回遊作戦です。

（3）結果

● 最下位からの脱出

　残念ながら、業績はＶ字回復とまではいきませんでした。言い訳ではありませんが、隣接敷地に大型ホームセンターが建設され、特に酒類のシェアを奪われ、全体的に足を引っ張られてしまいました。とはいえ、エリアシェア最下位から、しっかりと顧客ニーズをつかまえたことで２位まで躍進することができました。

● 今では高業績店舗の経営人財

　その当時のプロジェクトメンバーは、シビアな局面に立ち向かいながら、実践を通して戦略の全てを吸収し、即実践していきましたので、急激に力をつけ、今では全国トップレベルの店長およびやり手の事業部長に成長しています。

2-7　ケース②製造業

【現状】
- 管理職を含め、全員が作業員の状態
- 決められたことを決められた通り実施するのは得意だが、改善や改革意欲がきわめて低い
- 管理職研修ですら実施したことがなかった
- ここ数年、業績は伸びていない

第1部
転換期の戦略を創り業績を上げる

> 【要望】
> ・次世代経営者およびその右腕達を育ててほしい
> ・管理職とは何であるか、徹底的に教育してほしい
> ・上記のことを実施しながら、業績もあげてほしい

(1) 主に実施したこと

● 戦略をつくるための時間を創りだす

　最初に管理職の方々にお会いした時、とても真面目という印象を受けました。ああ、日本の製造業の鏡がここにある！と思ったものでした。そして、今、忙しいですか？という質問に対し「とても忙しいです」「がんばっています」との回答を100％の確率でいただきました。次にどうして忙しいのですか？という質問に対し、各部門で表現は違うもののルーチンワークで忙しいということでした。

　「そんなお忙しいみなさんに申し訳ないのですが、明日から1時間、考える時間を創ってください」というお願いをしました。すると「そんなご無体な……今でさえ忙しいのに、我々を殺す気ですか!!」と反論をいただきました。「いやいや、私はみなさんに次世代リーダーとして今後20年は第1線で頑張っていただきたいので死んでもらっては困ります。死なずに1日1時間創りだす方法を考えましょう」と切り返しました。そしてホワイトボードに第1章図表1-3を書きながら説明を加えていきました。

　「今みなさんが抱えているルーチンワークを下位職層に任せてあげてください」。そうすると「そんな、彼らにはまだ無理ですよ！」という反応。「それでは一生経営職にはなれませんよ。部下に仕事を任せるために育ててください。それも大事な経営の仕事です。」このようなやりとりがしばらく続きましたが、KPIセッションの1クール目（3ヵ月後）には人を育てた管理職のAさんがだいぶ楽になっているという噂が立ち始め、他の管理職は徐々にAさ

んの真似をするようになりました。

●KPI設定を通して思考力のトレーニング
▷▷▷ 突発対応

　営業と製造の仲が悪いと言われる原因がここにあります。生産計画に記載されていない予定がやってくると製造現場は「突発対応」と呼び、ラインの計画、人の手配等々全てを組みかえなければなりません。営業サイドは顧客第一主義で日々動いていますから、お客様がそう言っているのだから明日までになんとかしろ！というスタンスは譲りません。お互いとても気高い精神をぶつけ合っているわけです。そこで、どれくらいの頻度でいわゆる「突発対応」に追われているのですか？と工場長にお聞きすると、平均毎日2時間程度あるとの回答。これはもはや突発でもなんでもなく、確実に毎日あるということを示しています。であれば、ワークスケジュールに突発対応の時間を最初から織り込んでおく必要があります。

▷▷▷ 抜本的設計変更

　メーカーの原価において、材料費の占める割合は非常に高く、これを劇的に下げるには抜本的な設計変更が必要になります。製造部門の努力も設計変更の影響に比べると微々たるものなのです。では、なぜこの会社ではそれがなかなかできなかったかと言いますと、設計部主催の会議数が非常に多かったからです。この会議時間を思い切ってなくしてしまえば、本来ミッションであり価値の高い設計業務に集中できるはずです。ゆえにKPIを会議時間の削減と設定しました。

▷▷▷ サプライチェーンの教育

　いかに最終段階の品質検査を強化したとしても、仕入れる材料が基準値外のものであれば、不良率は改善されません。ゆえに、抜本的に不良率を改善するために、購買部においては今までチャレンジしたことはなかったのです

が材料の仕入れ先を教育し、材料不良撲滅に努めました。材料不良の多い仕入れ先をパレート分析したところ、全体の70%の不良がトップ3社で占められていたことから、求める結果を材料不良率改善、KPIを品質管理教育（実施時間）としました。

▷▷▷ **グローバル購買**

前述の設計変更に次いで材料費を下げる影響の大きい項目として購入策の変更という手段があります。国内に捉われず、品質基準内で最安値のところはどこなのかということをゼロベースで検索していきました。仕入れ交渉のための海外出張費を経費に加算しても年数千万円の削減効果がありました。この時のKPIが、使用料トップ10の素材の世界メーカーのデータベースを作成し、現地まで交渉に行くというものです。

● **KPIと管理会計の連動**

全部門、上記のような重要KPIを設定し、意味があると思われる活動に値段をつけ、間接部門であろうとも売上を立ててもらい、下記のような手順で生産性指標を出してもらいました。つまり管理会計制度です。生産性指標を1年間で現状の1.5倍にすることを全社目標に掲げました。

①　KPI活動項目を売上項目に置き換え、間接部門も含めて全部門売上を立ててもらう
②　経費を引いて（主に人件費）営業利益を算出する
③　営業利益を実労働時間で割った数値を生産性指標とする

（2）ターニングポイント

● **次期経営者の指名**

今まで明言されなかった現社長も、次期経営者＋右腕達の最強チームで経

営を引き継ぐという提示プランに安心され、次の社長は自分の息子であるということを初めて明言されました。これにより、その来るXデー（事業継承の時）に、誰が右腕（役員クラス）になるのか、良い意味での競争がはじまりました。右腕候補は全管理職としましたので、自部門の管理会計における生産性指標を全力であげるために知恵を絞りだす環境が整いました。

● 自分の部門の計画は自分で創る

今までは、社長の年度方針（A4サイズで2～3枚）を受けて、具体的に自部門で何を目指すかをあまり考えず、明確にしないまま日常業務に邁進し、結果が出なければ毎月の管理職会議で叱責されるという日々でしたが、KPIと管理会計制度を導入することにより、期首に自らの部門の年度経営計画を設計せざるをえない環境になりました。その計画作成を通じて全管理職が経営人財として必要なスキルを身につけていきました。

● 人財育成競争

自分の部下を育てることにより、いかに時間を創るかの競争がスタートすることにより（ファースト・ペンギンはA部長）、どうやったら部下がより早く戦力になれるのかを自発的に検討しだすこととなりました。ある部長は数十人の部下を習熟度に合わせ4グループに分け、それぞれの特性に応じて教え方を変えたり、またある部長は、マニュアルを作成し、習熟度を判断してみたりと、様々な創意工夫をし、最も効果の出た方法を全社スタンダードの育成方法に設定することとしました。

（3）結果

● 過去最高利益

管理会計の結果と全社損益が一致してくることにより、皆が驚くほどの過去最高の利益を出すことができました。

● 立派な部門経営者＝将来のトップの右腕の誕生

　戦略を構築でき、メンバーに伝達でき、財務もわかる、人も育てることができるリーダー 20 名の誕生です。毎年 5 名程度は入れ替え戦になってしまうのですが、上位 20 名はそろそろ固定されてきました。そこからボードメンバーを 5 名選ばなければならないという贅沢な悩みです。

2-8 　失敗から学ぶ

　成功から学ぶよりも、失敗から学ぶことの方が大事であると多くの先人達の言葉にあります。「成功に理なし、失敗に理あり」

（1）そもそもKPIは失敗だらけ

　期首に設定する KPI はそもそも仮説で設定していきます。～すれば△△という結果がついてくるはずだという思いで設計します。そこには確実に△△という結果がついてくるという保証がありません。

　KPI 運営で、その精度を向上させるためには一定期間、PDCA サイクルを回す必要があります。

　PDCA サイクルの中でも、特に C で上手く結果と結び付いた時もそうでない時も、**なぜそうなのかを考える**ことが大事です。

● PDCAを経営の中で定着させるコツ
▷▷▷ PDCAサイクルの定着には「成果をあげること」が必要

　事業運営に必須のツールである PDCA サイクルが、なかなか社内に定着しないという声がしばしば聞かれます。PDCA サイクル定着のポイントは小さな成果をあげることです。成果がでて初めて PDCA サイクルの有効性を人々が信じるようになり、定着も進んできます。

▷▷▷ 成果をあげるための鍵は高速PDCA

　それでは、PDCAサイクルで成果を出すためには何が必要でしょうか？　その答えは、**PDCAサイクルを速く回すこと**です。回転数を上げるほど、課題が見つかり、改善を行う機会が増えるので、成果が出やすくなります。ただし、回転数を上げるといっても大きな車輪を高速回転させるのではなく、小さな車輪を無理なく継続的に高速回転させて目的地に到達することが重要です。

▷▷▷ 高速PDCAの運用ポイントは細かい目標の設定と確認

　「大きな車輪を小さな車輪にする」とは、最終目標を複数のサブテーマに分解することです。高速PDCAでは、そのサブテーマごとに、さらに最終目標値と、チェックポイントごとの目標値を設定します。そして、サブテーマごとの達成状況を細かく確認していきます。

▷▷▷ 試行錯誤の奨励が高速PDCAを成功させる

　高速PDCAサイクルで成果をだすためには、試行錯誤を奨励し、失敗から学ぶことができる環境を構築することも重要です。仮説を構築、実行し、結果を検証していく中で、仮説通りにならなければ、その理由を考え、仮説を修正し、再度実行してみるのです。

▷▷▷ 実行と分析のバランスも重要

　仮説の精度を上げるには結果の分析が必要ですが、分析にばかり時間をかけても仮説の精度は上がりません。実行のたびに、結果を分析し、少しずつ仮説の修正を行いながら精度を上げていきます。当然、実行しないと分析もできないので、PDCAの各サイクルに費やしている工数を調べ、PやCに工数をとられすぎているようであれば、バランスを見直していきます。

> - マネージャーの PDCA 黄金比率 P(30%) D(10%) C(40%) A(20%)
> - 部下の PDCA 黄金比率 ＝ P(10%) D(70%) C(10%) A(10%)

(2) A Silver-line in Disgust

　Disgust とはうんざりするようなとてもいやな状態を表現しています。やってもやっても結果がついてこない時は、落ち込みがちになりますが、よく目をこらして観察してみたり、少し今までは違う視点で観察すると、A Silver-line（薄明かりがさしている箇所）があるという意味です。A Silver-line in Disgust は今は亡き大学時代の政治学の恩師に頂いた言葉です。

　VUCA の時代、誰しも正解を見つけにくいのは確かですから、失敗を楽しみ、せめて気持ちだけは前向きに明るく取り組んでいきたいと、いまだに落ち込みそうな時はこの言葉を口ずさみます。

第2部
次世代経営人財の育成

人財

戦略

仕掛け

第2部 次世代経営人財の育成

第3章

業績を上げながら人を育てる

3-1 ■ あるプロジェクトを通して伸びた人・落ちた人

（1）伸びる人と落ちる人の大きな違い

　結論を一言でいうと、自分の殻を破ろうともがいて必死に頑張ったか、自分の殻に閉じこもって逃げたかの違いです。次に例に挙げるプロジェクトはあるクライアントの次世代経営者育成プロジェクト（対象は部門長以上）で、チームで海外シェアをとるための戦略を描いた時の6人のメンバーの評価の変遷を追ったものです。

　結果的に全社的な評価が高かったのはAさんとBさんの2名で、甲乙つけがたい過去最高レベルのパフォーマンスを見せてくれました。

図表 3-1　チームスコアの時系列変遷①

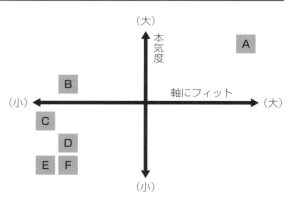

1回目ワークショップ終了後
- 初回の頃は、Aさんの実務の延長線上で突っ走った。他5名はフォロワー状態であった

図表3-2 チームスコアの時系列変遷②

2回目ワークショップ終了後

- 2回目ワークショップでのフィードバック直後、Bさんはこのビジネスの本筋を理解でき、絶対勝つと明言を始める。
- 当該プランが、現業と直接関与している、していないとは別の何かの要素が本気度に影響を与えている。

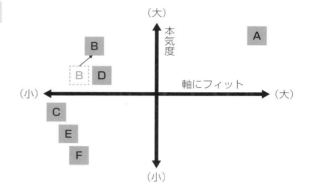

　Aさんは本人の実務と密接に関連するテーマであったために最初から意欲が高く、終始リーダーシップを発揮、世界中どこに居ようとも何とか回線をつないでミーティングに参加し、メンバーを先導してくれました。

　図表3-1の通り、当初はBさんも他のメンバーと同様にリーダーをAさんに一任していました。Bさんは、国内チームを引っ張る部門長で、チームテーマも一見実務と何の関係もないと思われるところからスタートしましたが、3ヵ月を経過したあたりから、これは扱う製品に関係なくゲームチェンジプランであることに気付き、そこからは実務と言ってよいほど本腰を入れ始め、目覚ましい伸びを記録しました。

　一方で、Aさん、Bさんと真逆の傾向にあったのがFさんです。実務とチームテーマとの関連度はBさんとさほど変わりませんが、当初より自身が目指すリーダー像が確立していないようでした。Fさんは大変温厚で人柄も良く、部下からの信頼も高く、実務面では大変良きリーダーなのですが、自分はどうしたいのか、その核が見えないのです。グループでのワーク中はつねに傍観者的立場をとり、発言もほとんどなく、役割分担（宿題も非常に多いのです）もAさんBさんが決めたことに粛々と従うという状況が何カ月も続きました。まさに縦軸の本気度が伝わってこない状況です。そのうち、実務が忙

図表3-3 チームスコアの時系列変遷③

3回目ワークショップ終了後

- 前項で現業との関与度では同領域に位置づけられるBさんとFさんの本気度の差はどこから発生するのか。結論は当該プランが本人の軸にフィットするかしないか。
- Bさんの軸は終始一貫して「パイオニア」にあり、当該プランは世界初のモデルであるので、WS終了後から実践。一方Fさんは、WS2回目以降、軸がぶれ3回目のアウトプットも抽象的

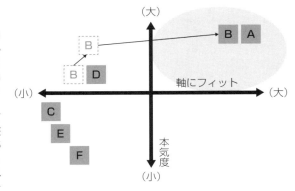

しいという理由で、チームミーティングに参加する機会が減ってきました。本当に忙しかったとは思いますが、それは他の部門長も同じであって、そもそもこの次世代経営者育成コースには優秀な人財しか選ばれないわけですから、優秀な人財には仕事が集中するのはよくあることです。

(2) 経営人財として伸びる人の特徴10

当該プロジェクトの人財育成過程から以下のように抽出できます。

① 自分に対する期待値をよく理解し、その期待に応えるためには何をすべきかを明確にしている
② そのすべきことを達成するために、必要な行動投入量を設定し、確実にそれができるように事前に環境を整える
③ 自分が達成したいビジョンをわかりやすくストーリー仕立てでメンバーに伝え、チームとしてのモチベーションを高めている
④ メンバーの強み、弱みを把握しており、最適なアサインができる

⑤ わからないことはわからないと素直に認め、不明点について自分が納得するまで追及する
⑥ 自ら先々を考え、1歩先の世界を見る
⑦ 必ず成し遂げるという強い意志を持ち、その想いをメンバーに伝え、共通認識としている
⑧ マイナスの方向に結果が振れてきた場合は、他者を責めずに自己責任としている
⑨ 自分がどんなに忙しい時でもマイナスの表現をしていない（忙しい、無理だ、できない等）
⑩ メンバーが発言しやすいように、明るい環境を創っている

以上の考察から、架空のストーリーを組み立てるよりも、実務を通して育成することが参加者のモチベーションを高めることに貢献します。

3-2 ■ 業績向上と人財力向上の因果関係

（1）人が変わると業績が変わるのはなぜ？

　チームの業績を向上させるとても大事なキーワードがあります。1つは**目的意識**の大切さ、2つめは**自分事と捉えること**の大切さです。
　上が決めたメニューを淡々とこなすのは、面白くありません。このメニューをやっておけ！と言うと、今の小学生は「なんで？」「ヤダ！」「あれはヤダ！別のメニューがいい！」と言います。一人が「ヤダ！」と言いだすと、あっという間に「ヤダ！」の大合唱です。この状態で強制的にメニューを消化しても、技能の向上にはつながりません。「わかった！」と言わせるまでに、数分のやり取りが必要になります。
　　コーチ　「なんでいやなの？」

子供達　「だって、キツイから。早く試合やろうよ。」
コーチ　「そうだね。練習はきついネ。ところで、練習するのは何のためだっけ？」
子供達　「試合に勝つため……だっけ？」
コーチ　「そう、正解！それで、次のメニューは何のための練習だっけ？」
子供達　「シュート確率をあげるため……だっけ？」
コーチ　「そう、正解！シュート確率を高くしたいって先週の反省会で言ってなかったっけ？」
子供達　「言った。。。」

　子供達にバスケットボールを教えていると、毎週大体このような会話になります。何のための行動かを常々考えてもらうために時間をとり、会話を重ねます。常々ただ単に同じ行動を繰り返している状態を作業と呼びます。作業の繰り返しの惰性状態からは創意工夫どころか改善も生み出されません。必然的に今よりも良い結果はでてきません。

（2）目的意識がもたらすもの

● 目的意識と自分ごと

　企業で言うならば、ビジョンを明確に設定し、社内コミュニケーションを通じて徹底的に組織全体に浸透させ、ビジョン達成のための実践行動を称える報奨制度の導入や、ビジョンに共感する人財の採用などを行うことが必要だと考えます。

　他にも、戦略策定プロジェクト等を活用して社員を巻き込んだり、権限委譲をすることも、目的意識の向上に効果的です。なぜなら、自分の考えが必要とされることで「やらされ仕事」が「自分の仕事」「自分事」に変わり、仕事に価値を見出すことができるようになるからです。こういった企業文化があって初めて、ビジョン実現のための使命・目的・役割・存在意義などを自ら考え、行動に移すことができるモチベーション高い人財を育てることがで

きるのではないでしょうか。

> モチベーション＆エンゲージメントの根源[1] ＝ Want to ＞ Have to

● 目的と手段の逆転：創意工夫

イソップ寓話の3人のレンガ職人の話のように、単なる作業ではなく、後世に残る事業に参画し世の中に貢献することという目的がその上位に来ることによって、レンガの強度を増してみようかとか、接着剤をより強力なものにしてみようかとか、何十年後かにレンガが劣化した箇所の補修がしやすい積み方にしようか等創意工夫が生まれてきます。

（3）自分事思考と他人事思考

自分事思考は、自分がなんとかしなければいけないという危機感・緊張感・責任感を持つことです。一方で他人事思考は、自分がなんとかしなくても大丈夫という認識を持つことです。

例えば何か問題が起きた場合、自分事思考の人は、原因、対策、再発防止策を考えます。他人事思考の人は、自分は知らない、自分のせいじゃないと言ったり、関わりを避けたりして、要は、「いかに自分事にせずに済むか」に注力します。

VUCA時代に局面を打開するのに求められるのは、間違いなく自分事思考です。追い詰められていない状態で今までの他人事を自分事に変換するのは大変難しいことだとは思います。それを可能にするのは、第4章4-3パー

---

[1]「エンゲージメント」とは社員と会社との間での確固たる信頼関係を意味します。社員は会社に対して貢献することを約束し、会社は社員の貢献に対して報いることを約束します。その約束に相当するものが「エンゲージメント」であり、社員の会社に対する帰属意識として最上位のランクに相当する状態と言えます。「エンゲージメント」が高い社員が多くいることはその会社が少なくとも「ヒト」という資産においては競争優位性を有していることの証になります。

ソナルルーツで詳細に記述しますが、自分とは何か、自分の強みとは何かを知ることが出発点になります。

【人財力向上と業績向上のフロー】

行動の上位概念に目的を持ってもらう

目的達成のための創意工夫を促す

自分を評価させ、結果を出すために、何をしたらよいか、自分はどうするかを考えさせ、行動に移せるようにサポートする

積極的に行動する

結果がついてくる

※このフローを架空のプロジェクトよりも、実務で実施するとより効果があがります。

3-3 ■ 教える力＜やらせる力（コーチング力）

（1）相手を変えるのではなく気付かせる

　次世代経営者を育てる極意は、まずは会社の経営、事業部の経営、部門の経営を自分事と捉えてもらうことが肝要です。他人事から自分事と捉えるようになると、前向きなパワーが出てきます。

　そのための第1ステップが、自分の弱み・強みに気付いてもらうということです。「ああ、自分ってこういう人間なんだ」「ここが強みだったのか、知らなかった」「ここが弱みだったのか、知らなかった」「自分では気をつけていたつもりだったのに、変わっていなかったんだ」等々。

　どんなに頭脳明晰な方でもしっかりと自分を客観視することは難しいものです。そこで、育成対象者に気付いてもらうためのコーチング手順の重要ポ

第3章 業績を上げながら人を育てる

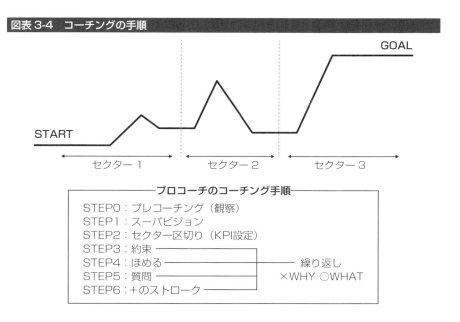

図表3-4 コーチングの手順

プロコーチのコーチング手順
STEP0：プレコーチング（観察）
STEP1：スーパビジョン
STEP2：セクター区切り（KPI設定）
STEP3：約束
STEP4：ほめる ── 繰り返し
STEP5：質問 ── ×WHY ○WHAT
STEP6：＋のストローク

イントを解説していきます。

● Step0：プレコーチング

　コーチングをいきなりスタートさせることできません。育成対象者の特性を把握する準備期間が必要だからです。その特性を把握するためには観察期間が必要になります。その人の普段の仕事ぶりをよく観察しながら、スキルレベル、仕事のスタイル、思考パターン、集中力が増す時・欠ける時、コミュニケーションスタイル、プレゼンスキル等を見ていきます。特に良い時と不調の時の特徴が把握できれば、その補正ポイントが見えてきます。

● Step1：スーパービジョン

　このスーパービジョンはコーチングを実施する上でとても重要な工程になります。これさえ上手くできればあとは放置していても勝手にゴールに向け

て邁進することも実際あるからです。スーパービジョンとは、「ゴールに到達した状態を**リアルに**イメージしてもらって、それを共有化するプロセスです。」スポーツであれば、優勝をし、表彰台の真ん中で金メダルを首からさげて君が代を聞いて日の丸が嬉し涙でかすんでよく見えない自分の姿、その画像が新聞の1面に載っている状況、止まらないおめでとうメール、各国メディアからのカメラとマイクに囲まれている自分の姿、空港で何百人の人から「おめでとう」と言われている姿、総理大臣と懇談している姿、故郷の凱旋パレードでオープンカーに乗って両手を振って地元の観衆の声援に応えている姿等々。そのイメージがリアルであればあるほど後々つらい局面に陥った時、また這い上がる原動力になります。

　ビジネスであれば、自分が会社のトップになって全社員の前で就任演説をしている姿、メディアのインタビューに応えている姿、トップセールスで全世界を飛び回っている姿等々。そうなりたいと願う自分を具体的に描いてもらいます。

● **Step2：セクター区切り**

　スーパービジョンで描いた姿は、短期間で現実のものになるというわけではなく、その実現には時間を要します。はたして3年以内に実現したいのか、それとも10年後か？達成したい期間の設定により、一定期間内のやるべきことの濃密度合いが変わってきます。10年後であれば相当の準備期間が取れますのでじっくり基礎固めから取り組むことができますし、より高次の刺激を受けてもらうために様々なハイレベルの組織、個人との交流をセッティングすることが可能になります。3年以内に到達するのであれば、日々走りながらレベルを上げていく状態になるでしょう。密度が変わってきます。この到達期間の設定は会社事情による影響が大きいですが、個人の特性を見ながら調整することになります。

●Step3：約束をする

　これも主体性を促す行為の1つです。コーチと対象者が約束をすることのメリットは2つあります。1つは、「**私がコーチと約束した。約束は守らなければならない。**」という心理状態に持っていきやすいということ。もうひとつは、頻度多く褒めることができるということです。通常企業活動においては、めったに褒められることがありません。よっぽど顕著な業績を叩き出した時くらいでしょうか。つまり数年に1回くらいの頻度でしょうか。数年に1回褒められるだけでは、心の栄養不足は癒されません。褒め方の問題も残りますが、褒める回数は多ければ多いほど良い効果が出てきます。

●Step4：褒める

　よく管理職の方に質問をします。1日何回部下を褒めていますか？答えは0回が圧倒的に多いのです。日本企業は特に叱る方が圧倒的に多いです。大変もったいない状況です。なぜならば、人は褒められると通常モチベーションが上がります。

　褒めることが少ない管理職の方の特徴の1つに、決め言葉を持っていない方が多いように感じています。筆者の場合、「天才！」という言葉を好んで使います。これは筆者が小学生の時の社会の斎藤先生が、子供達に「大化の改新は？」。だいたい皆知っているのでほぼ全員勢い良く手を上げます。「はい！津田！」「645年です！」「天才！」。言われる本人は、気分が良くなるので、よし、次も元気に手をあげようという前向きな気持ちになります。これが繰り返されるので、クラスは非常に盛り上がります。自分が大人になって、これは便利な言葉だと気付きました。この魔法の言葉を自分も継承しようと今でも使い続けています。この魔法の言葉は大人も子供も共通して心に響きます。

　例えば、バスケットボールで、ここでディフェンスが抜かれたら痛いなあと言う時にマンツーマンで頑張っている選手に向かって、「ディフェンスの天才！」と言うと、言われた選手は、ディフェンスの天才たる自分が抜かれるわけにはいかない、いや、抜かれるはずがないと思い、必死に頑張ってい

る状態からさらにもう一段階ギアを上げてくれます。限界以上の力を出してくれるのです。

褒められてうれしいのは何も子供に限ったことではなく、大人でも同じだと思うのです。毎日毎日マイナスのストローク＝否定語（例：おまえはなんてダメなやつなんだ。仕事できないねえ。役立たず等々）を浴びせられたら、さすがに大人でもおかしくなってしまいます。

● Step5：質問する

コーチングの王道は、コーチング対象者に「私はこれをやる！」と本気で宣言させることにあります。そのためには主体性を醸成する必要があり、本人に気付かせることが必要です。さらにそれを実現するためにはコーチ側は対象者に気付かせるための質問力を磨く必要があります。

例えば、本人は無意識だが、いつもより集中力がないなあとコーチ側が気付いたならば、「集中しろ！」という指示・命令ではなく「今日は、いつものAさんらしくないねえ。何かあった？」とか「昨夜飲みすぎたの？」とか投げかけてみて、本人に今日の自分はいつもの自分と何かが違うということに気付いてもらう必要があります。

この質問力が上手くなれば、指示命令よりも、より効果的に対象者の気付きと主体性を促し、効果的に行動変容に向かわせることができます。

● Step6：プラスのストローク

交流分析で言うストロークとは、E・バーンによって提唱されたコミュニケーション理論です。ストロークは、撫でる、抱きしめる、ほめるなど、人との触れ合いや愛情によって得られる様々な刺激のことを指し、その人の存在や価値を認める、もしくは否定するための言動や働きかけのことを言います。ストロークは、私たちが心身共に健やかに生きて行く上で必要不可欠なもので、臨床的にも実証されており、「心の栄養物」とも言えるものです。そのストロークは肯定的ストローク（プラスストローク）と否定的ストローク

（マイナスストローク）とに、大きく２つに分類されます。ここではプラスストロークに限定して述べていきます。

　肯定的（プラス）ストロークとは、温かい心の触れ合いを言い、相手に幸福感と喜びを与え、自らの存在に意味を感じさせます。プラスがプラスを生む訳は、「ストロークバンク」という法則にあり、プラスのストロークは貯金と同じで貯まっていけば人にも与えやすくなるからです。

　実は、上記の６ステップは個人対象のコーチングのみならず、人財育成プロジェクト全体にも適用可能です。会社の現状を測定し、上手くいっていない事項の真因を探り、ビジョンを設定し、戦略を構築し、タームごとにKPIを設定するプロセスをコーチングしながら本人達に自分事と捉えてもらい、実行フェーズに入っていくわけです。その実施過程で多くのプラスストロークを育成対象者に与えていきます。

（２）教えるとなぜ効果がでないのか

　過去の成功法則が通用しないゲームチェンジ時代には、教えられるものの価値は過去に例を見ないほど安いものになってしまうでしょう。なぜならば、過去の成功法則が役に立たないからです。そんな時代には勉強を教えない家庭教師の例が役に立つかもしれません。その家庭教師は、当初１ヵ月は勉強を教えません。何も教えずに時給だけはしっかりとっていきます。親の立場からすると、とんでもない家庭教師となりがちですが、でもこの家庭教師は受け持ちの生徒を全員合格させたという凄腕の持ち主です。では、彼は勉強を教える代わりに何をしていたのでしょうか。

　答えはモチベーションの極大化です。まず、彼は教え子に対し、どこに受かりたいかを聞くと同時に**将来何になりたいか**を聞きます。具体的に答えが返ってきた場合には、まずその夢を受け入れ、その夢が実現した状態をフリーに話し合ってみます。本当に達成したくなってどうしようもなくなってきた段階で、そのためにはどうするかという設計図を描きます。その設計図

に納得したと判断したら、現時点の学力とその夢をかなえる上での第一関門である受験の突破レベルとのギャップを明らかにします。次に1年間を10段階に分け中間目標値を設定し、次の時期までに1つ1つクリアしていくことを約束します。約束を守ったら褒めます。この繰り返しで全生徒を合格させたのです。

一方で、合格率の低い家庭教師は、いきなり授業を始め、公式を覚えさせ、基礎問題を何百問解かせ、さらに応用問題を解かせ……毎回千本ノック状態です。生徒の気持ちを察するに、まさにレンガを積むことを目的としたレンガ職人の心境ではないでしょうか。

猛烈に教えこむことにあまり効果がないのは

- 手段を教え込むことよりも、**当事者意識**を持ってもらうことが大事
- 到達したいゴールを強く、鮮明にイメージできれば、手段は自ら考え始める
- 強く、鮮明に到達したいゴールをイメージできれば、指示命令せずとも、自ら何としてでも摑みにいく
- なんでもかんでも教えるのではなく、つまっている時（阻害要因がある時）だけ、その解決策のヒントを教えることが大事

ちなみに、コーチが職業上初めて使われだしたのは18世紀イギリスでの家庭教師がはじまりと言われています。

（3）企業内でコーチは難しい

上記の家庭教師のような上長が日本企業に沢山いれば、より多くの企業が好業績を叩き出せるはずなのですが、実際は以下のような状況にあります。

- ほめることよりも叱ることが大事と捉えている管理職が大多数（自分がそのように育ってきたから＝体育会系悪のスパイラル）
- 人を育てることが本来業務と思っていない。評価基準に表現されていない
- マネジメントよりも、ルーチンワークが忙しく、人を育成する時間がない
- そもそもコーチングを体系的に教えてもらう機会がない

3-4　実践で成果を出すコツ

（1）次世代経営者育成のKPI

　KPI 設定の前には、KGI[2]の設定が必要です。人財育成の場合はどんな人財に育てたいかという人財像の定義になります。今日本に求められる次世代経営者像とはどんな人物なのでしょうか。

　一言で表現すると、**将来の経営幹部になれる「器」を持った人財**といったところでしょうか。これですと抽象的すぎて目標設定にふさわしくないので、「器」を3つの構成要素に分解してみます。

①ビジョンを描ける

　温故知新の精神を持って、他の誰も描くことができなかった見る者をワクワクさせるビジョンを描くことができる。そこには、自社らしさが表現され、社会に対する関係性も描かれ、何としてでも到達したいと思わせる世界感が描かれている。

---

[2] Key Goal Indicator の略称で、「重要目標達成指標」という意味です。目標達成のために指標を設定し、どのレベルに達すれば目標達成とするかを定義するものです。例えば1年で売上高1,000万円達成など具体的な目標を設定します。売上高や利益を指標にするのとわかりやすく、目標を具体的に数値化することで成果を計測します。KPI も KGI もいずれも目標達成するために設定する指標ですが、KPI は目標達成までのプロセスに使われるのに対し、KGI は目標達成したかどうかを計測するために使われます。

②戦略・組織を構築する

　自社の現状と、そうなっている真因を踏まえ、どういうルートでそのビジョンに到達するか、どういう資源配分と機能分担でそこに到達するかのルートと組織体制を描くことができる。

③人を動かす

　戦略と組織を動かすために、人を巻き込み、奮い立たせるエネルギーおよび、プレゼンテーション能力、コミュニケーション力等の対人技能等が必須になります。

　上記3点をKGIとした場合の、それぞれの項目のKPIを設定（以下事例）してみます。

○わくわくするビジョンを描くKPI
- 過去の会社の歴史を紐解く。原点を探る
- 過去の会社転換期の戦略を探求する
- 同業ライバルのビジョンを研究する
- 世界先端企業のビジョンを研究する
- フォーキャストとバックキャストスキルを身につける

○戦略・組織を構築するKPI
- 戦略論の大家の名著を読破し、自社に当てはめてみる
- 使える戦略フレームをピックアップし、自社に当てはめてみる（PEST,5Force,3C,SWOT,BMC等）
- ケーススタディを沢山解いてみる
- 自社の現状を業務組織図で表現してみる
- 主要ポジションの3面等価[3]表を作成してみる

---

[3] 権限と責任は、様々な目標を達成するために、組織活動にとって必要不可欠な要件です。職務において、「義務」、「責任」、「権限」は三面等価の関係にあり、職務を与えられれば必然的に義務と責任を負い、その義務と責任を全うするために職務遂行の権限も同等に与えられなければなりません。

○人を動かす KPI
- 社長就任演説を試しにやってみる
- 一人の部下を1日1回褒めてみる
- プレゼンテーションの専任コーチをつけてみる
- 週末、地元のスポーツチーム等のコーチを引き受けてみる

（2）次世代経営者候補を波に乗せる

　次の世代を引き継ぐ者には、スムースな承継のために花を持たせてあげる必要があります。実際、良いことを言っていても実績が伴わなければ、就任前に足を引っ張られてしまうリスクが高くなってしまいます。そのような悪夢を避けるために、以下の方法をお勧めします。

① 次世代経営者候補を筆頭にしたワークショップを立ち上げる
② 各ワークショップのリーダーに、次世代経営者候補の右腕達を任命する
③ 各ワークショップは次世代経営者候補が設定したビジョンと戦略に基づき、実務上の KGI と KPI を設定する
④ 各ワークショップリーダーは、KPI 投入量と四半期ごとの実績とを相関分析し、実績と相関の少ない行動を思い切ってやめ、実績と直結する行動に力を入れるようリーダーシップを発揮する
⑤ 次世代経営者候補は各ワークショップからの報告を定期的に受け取り、情報を統合し、全社の動きを把握する。優先順位と緊急度からテコ入れをすべき部門と項目を決定する

　上記①〜⑤を確実に実行することにより、業績向上のポイントを肌身で感じることができ、また、全社の動きがタイムリーに把握できるため、経営者としての事前トレーニングとしては最高の環境で学ぶことができます。
　また、ワークショップのリーダーは、責任を持って KPI と自部門の相関分

析と因果分析を実行することにより、確実に実績をあげることができるようになります（詳細は第2章2-5参照）。

（3）成功を偶然で終わらせないナレッジマネジメント

上記KPIを運営していると、部門が違ったり、職種が違ったり、階層が違ったりしても共通で使える項目が出てきます。

例えば提案活動の効率化を全部門で考えているような場合、非常に打率の良い人が作成したある部門の提案書をテンプレートとし、他の人や他の部門でも活用できるようにする等です。そのテンプレートにちょっとしたノウハウを記入しておきます。例えば、通常1ページ目はクライアントの課題を書いていたが、それをやめて、1ページ目はクライアントの達成したいビジョンを書く。そうすると全体のトーンが前向きになり、クライアントの経営者の姿勢が前向きになり、成約率が上がる等です。

そのような成功確率の高いノウハウを共有化し、全部門でフル活用していけば、加速度的に成果がついてくるようになります。

ちなみに、ナレッジマネジメント[4]には大枠2種類あり、Know-HowマネジメントとKnow-Whoマネジメントがあり、組織の風土、文化に応じて最適な手法を選定します。

---

[4] ナレッジマネジメントとは、個人が蓄積している様々な情報や知識（暗黙知）を組織全体で共有させ、イノベーションを促進させる管理手法です。特に、野中郁次郎が提唱したSECIプロセスが有名です。SECIプロセスでは以下の4つの過程を経て、知識が進化していくものと言われています。
①共同化（Socialization）　　：組織内の個人や小グループの「暗黙知」の共有。
②表出化（Externalization）：各個人や小グループが有する暗黙知を「形式知」として洗い出し。
③結合化（Combination）　　：洗い出された「形式知」を組み合わせ、新たな知識を創造。
④内面化（Internalization）：創造された知識を組織に拡散し、新たな「暗黙知」として獲得。

● **Know-Howナレッジマネジメント**

個々バラバラの知識を再活用しやすいノウハウ形式に整理し、一か所に集約（現在ではサーバー蓄積がメイン）し、そのノウハウに割り振ったコード番号やワードで引き出すしくみのことです。通常のナレッジマネジメントシステムの概念を言います。

● **Know-Whoナレッジマネジメント**

「誰が何を知っているのか」「どこにどんな業務の経験者やエキスパートがいるのか」といった組織内の人的資源情報を蓄積し、検索できるしくみのことです。専門的なスキルやノウハウを持つ人とそれを必要とする人を、部門間の壁を越えて結びつけることで知識の共有化と有効活用を図る方法です。

3-5 ビジネスモデルを描ける人

（1）新しいビジネスモデルがもたらすもの

基本的にビジネスモデルを描ける人は第1章の0⇒1が描けるスキルを持っている人です。それに加えて新しいビジネスモデルを描くには、若干のマーケティングスキルが必要になります。なぜならば、ビジネスモデルの根幹は、「誰」に「何」を伝達するかにあるからです。

ビジネスモデルとは、そもそも、「顧客に満足を与え、企業に利益をもたらす仕組み」ですから、最も大事な要素はそのビジネスにおける重要な顧客は誰かということと、何をもってその重要な顧客に満足を与え、どうやってそれを届けるのかということです。簡略化するとWhoとWhatとHowが必要不可欠な3要素となります。それは前述のマーケティングに通じるものが多々あり、ビジネスモデル構築の際にも避けて通ることはできません。

● Who：当該ビジネスにおける主要顧客とはどんな人なのか

BtoC の場合であれば年齢、性別、年収、職種、家族構成、住居形態、居住エリア等々で詳細のセグメントを行い、その特定の**メインターゲットのニーズと未充足ニーズ（ペイン・ポイント）**を仮設定します。そのニーズと未充足ニーズ間の金額換算額が大きければ大きいほど、成功した時のビジネスのインパクトは大きくなります。

● What：顧客を満足させる企業のバリューとは何か

What を定義する際、留意しなければならないことは、ついつい企業側の論理で書いてしまうケースが多いということです。ここは、**顧客側の立場で定義**していただくことをお勧めします。例えば、ドリルメーカーの場合、他社よりも高性能のドリルと定義しがちですが、そうではなく、顧客が欲しているのは高性能、高額なドリルではなく、正確な直径 3mm の穴だったりするわけです。

これはバスケットボールのコーチをしていてつくづく難しいと思うところです。当然コーチとしては勝ちにこだわりたい。勝てるメンバー編成というものがあるわけですが、そうすると試合に出ていない選手の両親からクレームを受けることがあります。その両親が欲しいているのはチームの勝利ではなく、わが子が頑張っている姿なわけです。

● How：バリューを顧客にどうやって届けるか

Who と What が定義されれば、あとはその 2 つをどう繋ぐかが課題として残ります。一言で表現すると、**バリュー・チェーンの設計**です。原材料の調達から製品・サービスが顧客に届くまでの企業活動を、一連の価値（Value）の連鎖（Chain）として捉える考え方です。顧客に届く時のバリューが最大化するように、どの段階・機能でどれだけの価値を創出できるかがポイントとなります。

このWho, What, Howの3要素が時流に乗ると、その見返りとして企業に莫大な利益をもたらしてくれることになります。

　昨今の日本企業の凋落を見ると、大概このビジネスモデルが何年も変更、更新されていないことに気が付きます。正統派（既存ビジネスモデルの中での高評価者）からは、新しいアイデアは出てくる確率は少ないでしょう。なぜならば歴史と伝統に裏打ちされた正統派は、そのビジネスモデルにどっぷり漬かってきたハイパフォーマーだからです。逆に言えば、新しいビジネスモデルを既存の枠組みに捉われずに構築できる異端の人財にとっては最大にして最高のチャンスの時代の到来と言えるかもしれません。

　正統派が新しい時代を切り開くビジネスモデルを構築できずに会社の存続が危なくなる時代ですので、異端の人財が新しいビジネスモデルを構築し、それによって会社が存続できたならば、その貢献度は計り知れないものがあります。その可能性を企業はもっと大事にするべきなのではないでしょうか。

（２）現状のビジネスモデルを整理する
　　〜インテル入ってる、シマノ付いてる〜

　さて、ご自身の会社のWho, What, Howを端的に表現できることは可能でしょうか。ある会社の役員さんと徹底的に議論して2時間かけて現状のビジネスモデルを整理したことがあります。それまではWhat＝会社の創りだす製品・サービスのラインナップのことだと思っておられました。まさにプロダクト・アウトの発想です。プロダクト・アウトの発想では、新しいビジネスモデルはもちろんのこと、現状のビジネスモデルもまともには表現することが難しいわけです。そこで、顧客から評価の高い仕事、リピートの高い仕事を集めて、それらの共通項を導き出してみました。すると、少し時間はかかりましたが、今まで社内でさえも認知されてこなかった概念が導き出されました。「何があってもなんとかしてくれる安心感」があるから取引が続き、ボリュームが出てくるということです。そして、それらを支えているのは、社員一人一人の顧客を思う気持ちと柔軟な発想力・対応力です。これがその

会社の主な資源（Key Resource）であって、決して製品の高い品質にあるわけではなかったのです。

そこが定義されると、まずプレゼン方法、訴求ポイントや企画書の在り方が変わってきます。「今まではこういうスペックの最先端の技術を取り入れました」とか、「ここが他社と違う技術ポイントです」というところをプレゼンの目玉に設定していたものが、「もし万一こういう状態になったならば、当社としてこのように対応しますので、ご安心ください」という打ち出し方に一気に変更することになります。

この現状の自社のWhat（＝顧客に提供している自社のバリュー）は何であるかを上手く発見するコツは、**波に乗っている企業のバリューは何であるかを紐解いていくこと**でしょう。

例えば、ロードバイク乗りには認知率100％のシマノという会社があります。この会社は少し変わっていて、自転車そのものを製造しているわけではなく、コンポーネントパーツの製造に特化した会社です。このシマノ製のパーツの特徴は、その強度性にあります。まず故障しません。実際筆者もシマノ製のコンポーネント100％のロードバイクを愛用しており、車に衝突しそうになって、急ブレーキをかけた際、両足はビンディングでペダルに固定させているため脱出できず、ギアに全体重をかけて転倒しました。ギア一式全交換を覚悟しましたが、その後自転車屋で微調整したら完全に元に戻りました。

なぜこれだけの強度を担保できるかと言いますと1980年初頭に投入したシリーズの不完全さから市場の信頼を失いかけたことがあり、その失敗を教訓とし、シマノは製品化前にプロによる実戦テストを念入りに行うようになり、高い信頼性を誇る製品を生み出す体質へと変貌させたことにあります。まさに失敗から学んだお手本のような会社です。

このように、完成品のメーカーではなくとも、顧客に提供するバリューをしっかり全力で日々意識し、行動することにより世界を席巻する（ロードバイクのメッカであるヨーロッパにおける競技用自転車の60％強のシェア、通

常のスポーツタイプ〈ロード、クロス、マウンテン等〉であれば全世界で90％を占める）ことが可能になるわけです。

（3）新しいビジネスモデルを描ける人の特徴

　既存のビジネスモデルが疲弊し、顧客を満足させていても十分な収益を得ることができなくなってきた場合、そこにしがみつくか、若干のアレンジを加えるか、抜本的に見直すかの岐路に経営者は立たされることになります。

　日本の大企業の経営トップは、何かに優れているからトップになっているわけで、特に秀でているコンピテンシーとは、協調性・社交性・創造性・コミュニケーション力・リーダーシップ・自信・責任感・決断力・行動力・論理性・規律性・慎重性でしょう。対人技能要素が多いのです。

　一方、最近のイノベーターから導き出せる共通コンピテンシーは、好奇心・質問力・主体性・責任意識・リスクテイク・観察力・問題意識・革新性・チャレンジ精神・共感力・創造性等コンセプチャルスキル関連が多く占めています。

　この観察結果が正しいとするならば、日本の大企業のトップ層からはイノベーティブなビジネスモデルはなかなか誕生しそうにありません。

（4）早急に発掘・育成しましょう

　そうであるならば、あきらめる前に、早急に育成していく必要があるのではないでしょうか。おそらく上記のコンピテンシーに卓越している人財は日本企業においては、煙たがられる存在のため、本道からはずされている可能性が高いです。そうであるならば、それらの人財を発掘し、責任ある立場でどんどん新しいことを考えてもらい、彼らにサクセッションプランと育成計画を立ててもらえれば長期的にイノベーティブな人財が育つ環境ができあがるのではないかと考えます。

御社にも存在していませんか？失敗を恐れず次々と新しいことにチャレンジし、その結果失敗を多くして、それでも這い上がり、本道（日本企業のマネジメント出世街道）から外れたままの異端児達がいるかもしれません。

この再発掘された異端児達と正統派人財が上手くコラボレーションできれば企業に収益をもたらすビジネスモデルが実践フェーズに入り、短期的にスタートアップできる可能性が高まると考えます。

3-6 ■ 広い視座でオープン・イノベーション

（1）シマノが強いもう1つの理由～脱お客様相談室～

リーンスタートアップ[5]の最大のコツは、イメージターゲットのセグメント（例：年齢、性別、年収、職業、家族構成、住居形態、居住エリア等々）を詳細に実施し、インタビューを通じてニーズおよび未充足ニーズ（ペインポイント）に対する洞察を繰り返し、製品概要を固めていくことにあります。

なぜならば、企業が売りたいと思っていることは、必ずしも顧客が欲しているものと合致するとは限らないからです。拙著『顧客最接近マーケティング』の中でも、最もお勧めの手法としてマーケット・アウト手法をご紹介し

---

[5] 事業の立ち上げに関する方法論のうち、仮説の構築、製品の実装、および軌道修正、という過程を迅速に繰り返すことによって、無駄な無価値な要素を最小限に抑えつつ素早く改良を続け、成功に近づく、というビジネス開発手法です。
　リーンスタートアップでは、まずは最低限実用に足る製品MVP（Minimum Viable Product）をできるだけ迅速に構築してユーザーに提供します。利用者の反応を検証して得られた結果をもとに、当初の事業アイデアの改良・軌道修正を図ります。消費者のニーズをつかむために必要な最小限のプロセスのみを繰り返すことで、成功につながらない（非本質的な）要素に対する時間・資金・あるいは情熱などの浪費を省くことが重視されます。
　リーンスタートアップはエンジニア出身のエリック・リース（Eric Ries）により2011年に初めて提唱されました。なおリーンスタートアップの「リーン」（lean）には「余分な肉がなく細い」といった意味があります。

ました。上記のリーンスタートアップの手法はあくまでマーケット・インの概念から脱却できていないので、どんなに洞察力を研ぎ澄ませてもまだまだ顧客のツボをはずしてしまう可能性があります。そのリスクを極限にまで下げる方法が顧客とともに開発する手法です。

　これを実践しているのが、前節でご紹介したシマノ社です。シマノ社の武器は頑丈で長持ちするパーツを創るということでしたが、もう1つ、顧客の要望を徹底的に聞くという行動があげられます。

　「顧客の声を聞き、厳しい要求に応じることで自社の技術レベルが上がる」同社の島野会長の言葉です。このような名言を掲げている企業は多々ありますが、トップ方針に基づいて、シマノ社ほど実直にそして徹底的に活動できる企業は他にはないでしょう。

　顧客との接点に近づいていって対話し、観察し、会社・製品・サービスにフィードバックする。これを全米6,000店の自転車小売店を対象に3年かけて実施しました。目的はアフターサービスやクレーム処理、製品紹介・情報収集です。3年に渡る現地・現物の泥臭い情報収集の効果は圧倒的で、シマノは「市場」の生きた情報を製品づくりに活かし、アメリカでの地位を確立していきました。外部に頼った市場調査だけでなく、自らの足で稼ぐ「見える化」こそが、市場の息づかいを感じる方策となります。特筆すべき点は、回った先が卸ではなく、小売店であり、エンドユーザーに近い所ということです。お客様を知っている、実際のマーケットでの自転車の使われ方、状態を把握できるお客様とのタッチポイントに近づいていったというのが彼らのユニークなアプローチ方法です。

　これだけのお店を回るには年月も情熱も、会社としての理解も必要ですが、それら全てを満たせた御陰で彼らはこれを遂行できたと言えます。製品の良さをタッチポイントに直接伝えに行く。そしてフィードバックをもらってくる。これを製品、サービスに活かす。もちろん、強い信念に基づいた愚直な営業メンバーの努力なくしてできないことですが、同時にこれは営業部門だけでできることではなく、全社的な仕組みとして備わっているからできるこ

ととと考えます。注文をとってくる前にお客様の声を愚直に聞くという仕組みです。

(2) オープン・イノベーションを実践できる人財

　全く違うカルチャーを持った企業から選抜され、会社の代表としてオープン・イノベーションの場に臨んでいる開発リーダーをまとめあげ、共通のビジョンに向かわせるには、相当のファシリテーション力を持った人財が必要となるでしょう。その求心力の源泉は、ビジョンを1つにまとめ上げる力、それを参加者全員に共有し、浸透させる力が求められます。これには経営トップと同等のスキルが求められるでしょう。さらに、技術にも明るくなければならないという条件がついてきます。(これがないとプロ同士では会話が成立しないでしょう)。少なくとも1社に1人はこのようなスーパーファシリテーターが必要になる時代が来ていますので、今からそのような人財を発掘、育成しておけば、時流に遅れることはなくなるでしょう。

第4章

次世代経営者候補のリーダーシップ

4-1 これから求められるリーダーとは

（1）VUCA時代に求められるリーダーシップ

　自分なりの価値観・世界感を基軸に、自分の会社をどこに導いていくのか、その到達点・ゴールを描き、組織の隅々にまで浸透させ、全社員をワクワクさせることがVUCA時代の次世代リーダー達に託されようとしています。

● **ビジョンを描く**

　ビジョンと言っても次世代リーダーの生い立ちにより大枠ABCの3パターンに分かれます。

　Aパターンは起業家です。そもそも起業家を目指す方は、組織に属すという選択肢を選ばなかったわけですから、世にあるビジネスとは何かが違うことをやりたかったという方が大多数でしょう。それはまさに自分が人生をかけて実現したいものであって、**自分の夢そのもの**です。その夢と自身の生き様をストレートに表現することをお勧めします。

　Bパターンは会社員からトップに抜擢されるパターンです。大企業であろうと中小企業であろうと長年事業を続けてきた組織には過去の先達達が捻り出した多くのビジョンがあります。社長室に飾ってある歴代のトップ達の写真や肖像画を眺めるだけでなく、その一人一人の時代背景と社歴、その方が考えたビジョンを包括的に参照できるようにすることをお勧めします。そし

てなぜそのようなビジョンが設定されたのか洞察することにより、自分が舵を切る時に、どうあるべきかのヒントが得られる可能性が出てきます。温故知新と言いますが、歴代の伝統や会社のDNAを守り抜き、また、新しく自分らしさを加えるべきはどこなのかを発見してみましょう。

　Cパターンは、親から経営を引き継ぐパターンです。筆者は仕事柄このCパターンに携わる機会が非常に多いです。こちらもBパターンと同様温故知新型で推進可能です。また、事業の統廃合を仕掛けるにはベストなタイミングと思われます。先代の想いが強く、採算度外視で継続してきた事業で、かつ企業の本来ドメインから外れている事業と言うのは結構あるものです。あと留意しなければならないのは古参の幹部達への配慮です。先代の右腕として会社を支えてきた功労者です。彼らは新しいことに反発しがちです「父上だったら、そんなことはしないでしょう。なぜならば……」

　そのような場合に、お勧めするのが**全社員参画型のビジョンづくり**です。若手の大多数がそういうならば……と古参の右腕達も聞く耳を持たざるを得なくなります。ビジョン作りの山場の時に日常を離れ合宿をして、本音で語り合う場を設けることをよく筆者は提案します。そのための合宿代であれば決して高いということはないでしょう。

● 浸透させる

　これからの時代、リーダーがメッセージを送る対象は社員だけではありません。経営者になったならば、多くのステークホルダー（利害関係者）へのメッセージが大事になってきます。特に、オープン・イノベーションの件で述べましたが、自社単独でのビジネスが成立させるのが難しい時代です。つまり、ネットワークで勝負をする時代ですから、社員だけを意識したメッセージでは効果が弱く、顧客・サプライチェーン全体を浸透対象のスコープとして広く捉える必要があります。上場企業であれば出資者、メディアを意識しなければなりません。社会に向けてのメッセージです。社会全体を味方につけるメッセージが必要です。

そのためには、シンプルでわかりやすい、しかしながら"力強い"メッセージを創り上げる不断の努力が欠かせません。

● **ワクワクさせる**

会社の夢と自分の夢を同じ軸に乗せることがリーダーの大事な仕事になります。「自分事」となれば、心ある社員であれば、一生懸命にどうしたらそこにたどり着けるかを考え出すことになるでしょう。そのためには聞く者をワクワクさせることが大事です。ワクワクさせるためには、全てが想定内では面白みに欠けるので、どこか一部でも想定外かつ努力すればなんとか達成可能なレベルで表現する必要があります。欲を言えば感動レベルでスピーチできれば申し分ないでしょう。

また、社員をワクワクさせるためには、日頃の接点が大事になり、演台から一方的に語りかけるのではなく、フェース to フェースのコミュニケーションが欠かせません。リーダーにとってはコーチングの第１歩である観察を兼ねて、プラスのストロークを与えに現場に通うことを習慣にしているトップが結構存在します。社長室にあえて籠らないルールを自分に課し、場合によっては社長室を設けないというトップも存在します。

（2）マネージャーとリーダーの違い

上記の人財像はマネージャーではなく、明らかにリーダーです。下記にマネージャーとリーダーの違いをまとめてみます。

> ①マネージャーは管理し、リーダーは革新する。
> ②マネージャーはコピーであり、リーダーはオリジナルである。
> ③マネージャーは維持し、リーダーは発展させる。
> ④マネージャーはシステムと構造に焦点をあわせ、リーダーは人間に焦点をあわせる。
> ⑤マネージャーは管理に頼り、リーダーは信頼を呼び起こす。

> ⑥マネージャーは目先のことしか考えず、リーダーは長期的な視野を持つ。
> ⑦マネージャーは「いつ、どのように」に注目し、リーダーは「何を、なぜ？」に注目する。
> ⑧マネージャーは数字を追いかけ、リーダーは未来を見据える。
> ⑨マネージャーは模倣し、リーダーは創造する。
> ⑩マネージャーは現状を受け入れ、リーダーは現状に挑戦する。
> ⑪マネージャーは優秀な軍人であり、リーダーはその人自身である。
> ⑫マネージャーはものごとを正しく処理し、リーダーは正しいことをする。

出所：ウォーレン・ベニス著『リーダーになる』より

(3) リーダーの決意

　これからの、リーダーに不可欠なものを一言でシンプルに表現するとするならば、それは「決意」です。VUCAの時代において何が正解であるかは誰にもわかりません。正解がわからないからしっかり考える。考えに考え抜いて、誰から何と言われようと**自分はこれをやる**と言える状態に自分を追い込む姿勢が求められます。

　これを1つの物語としてよく多くの方に引用されるのが、「ハチドリのひとしずく」という短い物語です。

> 　森が燃えていました。森の生き物たちは、我先にと逃げていきました。でもクリキンディという名のハチドリだけは、行ったり来たり。くちばしで水のしずくを一滴ずつ運んでは火の上に落としていきます。動物たちがそれを見て「そんなことをしていったい何になるんだ」といって笑います。クリキンディはこう答えました「私は、私にできることをしているだけ」

出所：辻信一監修『ハチドリのひとしずく』光文社

　このクリキンディの行動に共感を覚えた動物達は、きっと水を自分達ができるかぎり森に運ぶでしょう。ハチドリ一匹では到底無理な消火活動ですが、象やキリン、カバなどの大型動物が何万頭も共感してくれれば、きっとクリ

キンディのやりたかった事が現実になる可能性があります。

問題はこの行動を開始するファースト・ペンギンになるかどうかです。

4-2 やる気スイッチはどこにある？

（1）やる気スイッチの意味

これはなかなか奥の深い話です。自分がどんな時に、もしくはどんな条件が揃うと、気持ちを奮い立たせ、一心不乱に目標に向けて行動できるのか。生い立ちまでさかのぼって振り返る必要がありますので、答えはご自身もしくは同居の親族にしかわからないでしょう。他人には到底見えないところです。

また、**スイッチ**であるということがとても大事です。人間も動物ですから、24時間起きて集中し続けることはできません。休息が必要になります。また、例え起きていても集中力にもムラがあります。ですからスイッチを切る時には切っておく必要があります。

ただし、ここぞという時にはエンジン全開で突っ走れる状態に変幻自在にコントロールできるということがリーダーには求められます。

> 【リーダーのスイッチが入りやすい時】
> - 大きな目標をクリアしようとしている時（達成）
> - 自分の強みを発揮し、周囲から賞賛される時（承認）
> - とにかく好きなことをやっていると食事をすることも忘れてしまう（対象）
> - 責任あるポジションに抜擢された（責任）

動機づけ要因にも様々な種類があり、人によって何があればやる気になるかは様々でしょう。ですから、是非一度過去からのご自身の歴史を振り返って頂きたいのです。

第2部
次世代経営人財の育成

（2）自己の客観視：壁打ちパートナー

　同居の親族と言えども、あくまで他人ですからあなたの深層心理まではなかなか読めません。また人によっては常にポーカーフェースであって表情からやる気があるのか、ないのか判断しにくい人もいるでしょう。ですからどうしてもやる気スイッチを探すのに情報不足になりがちです。

　お勧めは、**壁打ちパートナー**を持つということです。長年コンサルタントをやっていると、話し相手になっているだけでお礼を言われることがあります。筆者としては有り余るお礼の言葉です。面談時間の90％は聞き役で、私が発した言葉は非常に少なく「そう思う理由は何ですか？」「何があったらできたのでしょうね」「なるほど、それで次はどうなりますか？」だいたいこの3つのフレーズを繰り返していただけです。

　徹底的に考えに考え抜くのがリーダーの大事な仕事です。考えに考えて誰から何と言われようともゆるがない状態に持っていく。なかなか一人で実行するのは難しい仕事です。堂々巡りもしてしまうでしょうし、思考パターンにも限界があります。ゆえに、特にアドバイスをもらう必要はありませんが、純粋に壁打ちパートナーを持っていると考える癖も付き、新たな気付きが得られやすい環境を持つことができます。

（3）自分のストローク・バンクを満たす

　社員に対し、ビジョンを語り、他人事から自分事にしてもらうには相当なパワーが必要になります。そのためにはリーダー自らのストローク・バンク（第3章3-3参照）をプラスで満たす必要があります。これはトップが気にかけてあげる最優先事項でもあります。ところが、日本企業においては叱られる傾向が強いです。職位が上がれば上がるほど業績に対するプレッシャーが厳しくなり、それに加えてトップから雷の直撃を食らう機会が増えます。

そうではない組織も稀にありますが、非常に稀有な存在です（典型例は未来工業株式会社）。ほとんどの日本の次世代リーダー達のストローク・バンクはマイナス状態なのではないでしょうか。これではマイナスの連鎖がはびこってしまい、日本の経営環境に良いわけがないです。では、どうすればよいのでしょうか。以下に3つほど対策を考えさせていただきました。

● 対策1：業績を楽しんで上げる

これが一番王道でしょう。仕事＝きつい、つらいという概念から、業績を向上させるKPIの発見と行動反省の繰り返しを宝探しと捉えてみる。

● 対策2：勤務時間外にストローク・バンクを増やす

仕事はほどほどにして、夜、自身のスキルアップのために時間を使う、運動をする等。

● 対策3：やりたくないことはやらない

仕事をさぼりましょうということを推奨しているわけではありません。詳細を下記で述べます。

（4）やりたくないことはやらない

逆に言えば、やりたいと思うことはどんどんやりましょう。Hard Work, Hard Playを推奨している会社がありますが、なぜならば、そのことが強いリーダーを育てるのに有効だからです。24時間は誰にも均等に与えられています。その他大勢と同じ時間の使い方をしていては、その他大勢となんら変わらない人生になってしまいます。そしてやりたくないことで満たされた時間を過ごしているとストローク・バンクがマイナスで満たされてしまいます。自分がハッピーでない人がどうやって他人をハッピーな気持ちにさせることができるのでしょうか？

第2部
次世代経営人財の育成

　そんなことを言っても、世に中にはやらなければならないことも多々あります。トップに近づけば近づくほど多くなるでしょう。せっかく貴重な時間を使ってやらなければならないのであれば、最大限楽しんでやる方法を考えてからとりかかってみませんか。

　どうしてもやらなければならない時には、手段からは楽しみはなかなか見つけるのは難しいので、是非イソップ寓話のレンガ積み職人の話を思い出していただき、その仕事の大きな目的、上位階層の目的を設定してみることを推奨します。

4-3　■　パーソナル・ルーツの探求（ハイ&ロー）

（1）メタ認知

　人間、誰しも自分を美化してみたり、悪い記憶を消してみたり、忘れていたりということはよくあると思います。それにもまして記憶事態があまり当てにならなかったりします。オーセンティック・リーダーシップ[1]ではしっかりとした自分の核・信念がリーダーとしての行動のベースになりますので、自分を客観的に観察し、評価することがその出発点になります。

　そこで、お役に立つのが「メタ認知」という方法です。「メタ（meta）」とは、「何かを越えて、付随して」を意味する接頭語のことです。イメージとしては、頭の中にもう一人の自分がいて、自分のことを監視し、コントロール

---

[1] オーセンティック・リーダーシップの定義は諸説ありますが、『リーダーへの旅路』では「誰かを真似るのではなく、自分の信念を貫くリーダーシップ」と定義されています。オーセンティック・リーダーシップという言葉を広めたハーバードビジネススクール教授のビル・ジョージは、オーセンティック・リーダーには「自らの目的をしっかり理解している」「しっかりした価値観に基づいて行動する」「真心をこめてリードする」「しっかりした人間関係を築く」「しっかり自己を律する」という5つの属性が備わっていると説いています。

図表4-1 メタ認知

普段の自分（青）を客観的に監視している自分

- モニタリング
  自分の認知や行動をチェック
- コントロール
  状況に合わせて行動を修正する

普段、無意識に行動している自分

するという状態です。自分の能力を見極め、足りない部分や弱点を理解することができるようになると、自分を客観的に分析し、**「自分は何ができて何ができないか」や「どの程度できるか」を知る**ことができるようになります。また図表4-1のように「メタ認知能力」には、2つの側面があり、1つは「自分の心を知ること」で、自己モニタリングする力です。もう1つは「自分の心と行動を制御すること」で、自己コントロールをする力です。

このメタ認知能力が低い人は、「自分が他人からどう見られているか」ということを把握できない人です。自分と他人の情報を区別できず、自己中心的に「自分が感じているように他人も感じるだろう」と考える傾向があります。「自分が他人からどう見られているか」を正確に把握できないため、間違った解釈をし、劣等感に苛まれたり、自信を失ったりする傾向が強くなります。

一方、メタ認知能力が高い人は、常に第三者的な視点から自分を見られる「自己モニタリング」を行える人で、自分の失敗を肯定し、行動反省を実践することができます。メタ認知ができる人であれば、どうも今の環境下では自分の考えが左右されているようだとか、これまでの経験に捉われすぎているとか、感情に振り回された判断をしているのかもしれないという可能性が見えてきて、行動を修正する余地ができてきます。

現実の自分と理想の自分。現実の自分と過去の自分。現実の自分と近未来の自分。現実の自分と子供の頃の自分。現実の自分と常識的な自分。現実の

自分と比較できる自分を自分の中に用意しておきましょう。人は比較する情報があって初めて現実を正しく理解できます。メタ認知の第一歩として、自分自身の過去の正しいレコーディングからスタートしてみましょう。

（2）パーソナル・ルーツの探求

　ブッダ曰く「内省する人は瞑想者（ヨーギ）と呼ばれるに相応しい。」
　自分の責任が重いと自覚している人は、後始末では対応行動が遅いことを熟知しています。可能な限り後始末をすることがないように、前始末に力を注ぎます。何かが起きてからでは遅いので、何かが起きる前から前始末として内省し、まずは司令塔である自分自身の陥りやすい特性をチェックする行動を習慣にしています。それではメタ認知の第一歩としてご自身のレコーディングをスタートしてみましょう。

● STEP1
ご自身の年表をプラス、マイナス別に作成してみましょう。

● STEP2
プラス（ポジティブ）およびマイナス（ネガティブ）の出来事とその時の気持ちをできる限り詳細に思い返し、なぜあなたがその気持ちになったのか、その背景にはどんなことがあったのかを書き起こしてみましょう。

（3）果たして自分はどんな人間なのか

　このワークの結果は、誰にも見せる必要はありませんので、嘘偽りなくありのままで表現していただくことが大事です。しっかりとありのままの自分が理解できたならば、次に理想像を描くステップです。理想像が描けたら現状とのギャップをいかに埋めるのかという戦略設定のフェーズに入ります。

第4章
次世代経営者候補のリーダーシップ

図表 4-2　自分史をひも解くパーソナル・ルーツの探究

- 自分自身の人生を振り返り、どのような変遷を経て現在に至るのかを探究します
- これまで経験した大きなイベントを年表形式で羅列してみましょう

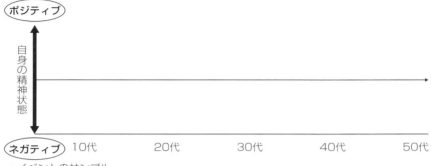

- イベントのサンプル
1)学校関連　2)習い事関連　3)友人関連　4)家族関連　5)トラブル関連　6)仕事関連

不思議なことに企業戦略も自己探求も全く同じ手順で構築することになります。

理想像(To be) － 現状(As is) ＝ 戦略

　企業のビジョンと自身のビジョンが一致している人がリーダーになると、その企業は無類の強さを発揮します。

4-4　次世代リーダーのビジョン構築力

(1) リーダーとビジョン構築

　世の中にはリーダーシップを発揮することに困難を感じている人が多く、そのような人たちはリーダーシップを考える際に「どうすれば人がついてくるのか」「どうやったら人は自分の思惑どおりに動くのか」という点に関心が

向いている傾向が強いと感じています。そして、そうした人たちはリーダーシップを身につけるには「人を動かすスキル」を習得する必要があると思い込みがちで、実際にメンバーに対してそうしたテクニックを駆使しようとしたり、パワーゲームに走ったりすることから、かえってリーダーシップが発揮できない状況に陥っているようにさえ見えます。当然こうしたことがリーダーシップの本質ではないことは明らかです。

では、リーダーシップの本質は何か。それは自ら絶対に達成したいと思う、人を引き付けるビジョンを構築し、魅了し、巻き込むことにあります。

人を引き付けるビジョンの3大要素は以下のとおりです。

> ① 大きな世界感が描かれており、憧れを抱く対象であり、自分がその一員であることがイメージできるもの。言い換えますと、**未来のイメージ**が伝わり、その未来に自分がいることの想像をかきたてられるもの。
> ② なぜそこに行かなければならないのか、なぜそうしなければならないのかの深い**目的**が読み取れるもの。社会のとの関わりや貢献ポイントはこれからの時代欠かせないもの。
> ③ 書いた人の**価値観**、人間味が滲み出てくるもの。

● **未来のイメージとは何か？**

未来のイメージとは、最終結果のイメージであり、曖昧ではなく、はっきりと思い描けるイメージであるべきです。なくしたいもの、捨てるものではなく、**新たに創りだしたいもの**に焦点をおきます。

最終結果に到達するまでのプロセスではなく、最終結果そのものを重視します。

● **目的とは何か？**

目的とは、組織の存在意義（レーゾン・デートル）です。単に事業の内容を述べたものではなく、「なぜ」という問いに答えるものです。

目的とは、顧客の視点に立って、その組織の「真の使命」を明らかにしたものです。偉大な組織は深遠で崇高な「目的」、すなわち社員の意欲をかきたて、やる気を起こさせるような、「有意義な目的」を持っています。

表面的な言葉遣いより、そこから人々に伝わる「意味」のほうが重要です。

● 価値観とは何か？

価値観とは、目的を達成する過程で、どう行動していくべきかを示す、ゆるやかなガイドラインです。つまり価値観には、「自分は何を基準にして、どのように生きていくのか」という問いに答えるものです。

価値観の内容を具体的に明らかにしないかぎり、どんな行動をとれば価値観を実践できるかはわかりません。つねに行動を伴うものでなければ、価値観は単なる願望にしかなりません。

メンバー1人ひとりの価値観と、組織の価値観とを一致させなければなりません。

（2）時空の旅〜フォーキャストとバックキャスト

現状分析を積み重ねて未来を見通すやり方を「フォーキャスト」と言います。社会が右肩上がりで拡大している時は、フォーキャストのほうが良いのですが、現代のような先が見通せないような状況では、フォーキャスト手法ですと、ネガティブなファクターばかり出てくることが多くなります。そこでVUCAの時代にお勧めなのが、人をひきつけ、ワクワクするビジョンを導き出すのに有効な「バックキャスト」という思考法です。まず、未来がどうなっているかを想像し、そこから今に立ち戻って課題設定や問題解決を考える。これがバックキャストです。バックキャストの特徴は、様々な制約をポジティブに捉えられるようになることです。ですから、VUCAの時代は物事をバックキャストで捉えていくべき時代であると考えます。

現在のトップ層はじめ高度経済成長期を経験しているベテラン勢の多くは

フォーキャストの思考回路に偏りがちです。本来、バックキャストの思考を身につけるには、地道に何度か経験してみるしか他にスキルを身につける方法がありません。ところが、トレーニングなしでバックキャストの思考回路を持てる人がたまに存在します。それはフォーキャスト、バックキャストを的確に切り替えられる人たち＝未来と現在を自由に行き来できる時空の旅のスペシャリストです。

　企業経営という観点からは、少し前までそういうごく一部のスペシャリストだけがバックキャストをしていればよかったのですが、今は一定のリーダー層の人ならば、トレーニングを重ねバックキャスト思考を身につけなければならない時代になってきてしまいました。経済が右肩上がりではない今、「新しい何か」が求められています。そのためにはフォーキャストでは「新しい何か」を捻りだすことができません。バックキャスト思考を使用しないと新しいものがなかなか見えてこない時代です。

● **フォーキャストの留意点**

　P・F・ドラッカー曰く「多くの企業やその成長戦略が頓挫するのは、『昨日』という亡霊に捉われ、過去の暴威に屈し、『昨日の正しいこと』に捕まえられているからだ。不滅のもの、不死身のものは何もない。自己の生み出した排泄物を除去できない組織は、その洪水の中でへたってしまう。だから、昨日の呪縛から離脱するには、昨日の中から非生産的なもの、陳腐化したもの、老朽化したものを、蛮勇を持って取り去ることである。リーダーはこれを断固として実行しなければ、組織は死滅への道を辿るのみである。」[2]

　現在からの単純な延長線上で未来を描くのではなく、取捨選択（守るべきものと捨てるべきものの明確化）をしてから未来を設定することをお勧めします。

---

[2] ピーター・F・ドラッカー著、上田惇生訳（1999）『明日を支配するもの』ダイヤモンド社。

● **バックキャストの留意点**

　足りないものを創りだすことが重要です。現時点Ａ事業＋Ｂ事業＝100％であるとします。将来のライフスタイルの変化を見ると、Ｃ事業が欠けていることに気付いた場合、Ｃ事業を立ち上げるというのが大きな課題となります。この不足点を見つけることがバックキャストの最大のポイントとなります。

4-5 ■ 次世代リーダーのビジョン伝達・浸透力

（1）共感が必要な理由〜なんでわかってくれないのだろう。

　ビジョンづくりを夏目漱石著『夢十夜』第六夜に例えると、木の中から仏像を彫る時に、中に仏像がいる状態を想像してくり抜いていくようなものです。ゆえに、単純に外側から彫って仏像ができ上がるというよりは、中にあるものを彫り出す感覚というのが、事業を創る時の感覚に近いと言えます。この木の中にどんな仏像が埋まっているのだろうというのを想像し尽くしたあとは彫るだけなので、経営者は自分が見ている世界感、ビジョンを社員にきちんと想像させる必要があります。その時点では運慶と同じように、自分にだけ木の中に埋まった仏像が見えているわけで、それを見ている聴衆にはマジックでも見ている感覚になってしまいます。

　「木の幹の中にこれがあるのだ」「みんなで彫っていきましょう」と。感覚的には、今ある状態とは以前想像した通りになっていることが多いわけですから、この自分の見ている世界感を伝えるということは将来にとってきわめて重要な工程と言えます。

　ところが、経営者の描く将来のビジョンは、言語化したからといって、周りの人たちに共感を得られるかというと、そう簡単ではなく、経験の少ない多くの経営者は「何で仏像が埋まっていることがわからないのだろう」つま

り、周りがわからないことがわからないという状態になっています。

　事業が大きくなってきて、事業パートナー等外部の大事な仲間に話しても、なかなか描いたビジョンというのは、自分と同じレベルでの共感は生まれにくく、そんなに簡単に人に共感されるものではないということを多かれ少なかれ経験することになります。幹の中に埋まっているイメージを見て、理解してもらうわけですから、言葉で言っても、みんなが見ているものが自分の見ているものと何か違ったりします。

● ゆえに、意味を伝えるのが大事〜整理と整頓〜

　自分にしか見えていない世界感をそのまま詳細に言葉で伝える、イメージしてもらうのは非常に難しいので、その"意味"を伝えることをお勧めします。日本で経営をしていますと、意外と意味を共有化せずに、なんとなくで終わらせているケースが多いものです。その典型例が整理と整頓という言葉の意味です。製造業の現場では整理と整頓は5S活動の要ですので、必ずと言ってよいほど工場に張り出してあります。朝礼でもこの言葉が出てこない日はありません。毎日誰かが言葉に出して、もしくは確認しあっている日常的な言葉です。

　ところが、その工場の幹部クラスに整理と整頓の言葉の意味の違いは？と聞いてみると、ほぼ説明できません。これは、言葉は通じているけども意味が共有されていない状態の典型例です。毎日聞いている言葉の意味でさえもこういう状態ですから、多くの社員にとっては初めて聞くビジョンの中で語られる言葉の意味の共有化は相当骨を折らなければならないでしょう。わかりやすく、シンプルに伝えるという努力が求められます。

● ダイバーシティの影響

　さらに、この意味の共有化が重要性を持ってきている背景にはダイバーシティ（第1章1-2の（3）参照）の進展があります。国も文化も価値観も違うバックグラウンドを持った人々が、同じ職場で働く機会が増えてきている

わけですから、ただ、言葉が伝わっているだけでは大変心もとないわけです。

● **ビジョンは言葉だけで良いのか？**

　ビジョンは通常書くとは言わず、描くと言います。さらに聞くものがワクワクするようなビッグ・ピクチャーが今求められているわけですから、「絵」で描いたほうが伝わりやすいケースもあるでしょう（第1章1-4参照）。夢十夜第六夜の木の幹に仏像がどんな姿で、どれぐらいの大きさで、どちら向きに埋まっているのかを言葉で伝えようとすると非常に長くなってしまいます。絵で描けば数秒で、なるほどそうなっているのですねと理解を得られるはずです。

（2）ビジョン浸透

　ビジョン浸透には2つの道があります。1つは誠心誠意伝え続けるという道です。自分の言葉が足りなくて伝わらないこともたくさんあるので、とにかく言葉を大切にして語り尽くして、本当に仲間になってもらいたいとか、一緒にビジネスをしたい等々、ビジョンに向かって共感を生んでいくには、誠心誠意コミュニケーションを尽くすという努力が不可欠です。もう1つは、わからないものはわからないと割り切って、結果でわかるようにしていく。つまり夢十夜の話の中で、実際に彫刻を彫っていって、仏像の右手が見えてくるとだんだん「あれ？これ中に何か入っているかも？」という風にプロセスの中でわかってもらうようにする道です。

● **目標連打**

　当初は達成することが難しいと思われていたことも、毎日毎日聞かされていると、だんだんその気になってくるものです。これは根気との戦いです。

● 小目標の設定：結果で見せていく

KPIの目的は2つありました。1つは業績と直結するパフォーマンスを発見し（相関・因果）、確実に業績向上を目指すツールとしての位置づけです。もう1つが、最終ゴールまでの期間をセクターで区切り、その中間目標を達成しただけでも褒めるツールになるというコーチングツールとしての位置づけです。いずれにしてもこのKPIはビジョン浸透時にも十分活用可能です。

（3）言葉よりもその行動で

言葉よりも確実に伝わるのがリーダー自らの行動です。上記1）でビジョン構築により、方向性を示し、共感を呼び起こすことによりメンバーを巻き込む。これがまず次世代リーダーがやるべきことですがあと3つの行動原則があります。

● チャレンジ

ビジョンの実現のためにやるべきことを提示します。それが、現在のチームやチームメンバーにとっては難しいことであっても、ではそれを実現するためにはどうするのか、という示唆を与え、全員をチャレンジに向かわせます。そのためには、メンバーがチャレンジした上での失敗は認め、受け入れます。

● 積極的な行動を促す

リーダーが示すビジョンや理念、あるいは目標は、チームメンバーや部下は等しく共有する必要があります。その共有により、メンバー1人ひとりの積極的な行動につながっていきます。

ここまでは、コーチングの解説で大枠述べました。残りは1つです。

● 適正に評価する

　部下やメンバーが、チャレンジして行動に移したことは、必ず評価します。その結果如何にかかわらず、具体的な目的に向けてのチャレンジを、正当に評価することはとても大事です。もし、それが失敗しているなら、評価のあとに失敗の原因を探ってもらいます。そうすることで、次のチャレンジングな行動をもたらし、やがて大きな成果となっていくことが期待できます。

Jリーグ人気を復活させた時の評価ルール（村井チェアマンの講演より）
- 従来のやり方で成功＝０点
- 新しいやり方で失敗＝５点
- 新しいやり方で成功＝10点

4-6　リーダーの演技力

　なぜ、リーダーにそれ相当の演技力を求めているかと言いますと、前節で述べさせていただいた通り、ビジョンの意味を共有する際、言葉ではなかなかその意味が伝わりにくく、リーダーの行動によって最もダイレクトにビジョンの意味が伝わるからです。

　行動は視覚情報として相手に伝わりやすく、説得力があります。そもそもコミュニケーションにはバーバルコミュニケーションとノンバーバル・コミュニケーションの２種類が存在します。バーバルコミュニケーションは言葉を媒介にしたコミュニケーションであり、ノンバーバル・コミュニケーションは言葉以外の表情・行動によるコミュニケーションです。どちらの意味が伝わりやすいかという実験結果によりますと大凡80：20でノンバーバル・コミュニケーションの方が、意味が伝わるという結果が出ています。

　ゆえに、メンバーのモチベーションを上げ、業績を上げたいのであるならば、メンバーの目に触れている限りリーダーは常に前向きで明るくエネルギッシュである必要があります。

4-7 ■ 国際人

（1）グローバルリーダー

　今後日本経済においては、明るい話題はさほどなく、少子高齢化、人口減によるマーケットの縮小が予見されています。そのような環境下、日本企業は光明を見出すために2020年以降は海外展開にさらに力を入れる計画を打ち出す会社が多くなっております。

　そうなると、進出先の現地法人の経営トップに優秀な人財を配置する必要があります。海外現地法人で必要な優秀な人財とは、従来のように技術偏重ではなく、現地において最適なネットワーク（主に原材料調達、マーケティング、研究開発）を構築でき、進出国の顧客ニーズおよび未充足ニーズを把握でき、それらを反映した製品開発を指揮し、現地マネージャー達の人心掌握をし、優秀人財を外資系に取られないようにリテンション策を指揮できる人財です。一言で言うと現地に最適なビジネスモデルを構築、推進できる一流人財（詳細は後述します）が多数必要になってきます。

　ところが、日本企業の現状は非常にお寒い状況になっています（第1章1-2（2）、1-9（2）参照）。私が直接現地で観察した結果を以下に列挙させていただきます。

- 日本人村を形成し、平日も休日も日本人のコミュニティから一切出ない。
- 日本本社の人事制度上の資格等級から2階級特進されて現地のMD（managing director）に就任しているため、経営に関する知識・スキル・経験が不足しており、現地のマネージャーから全く尊敬されていない
- 尊敬・知識・スキル・経験がない中で組織を動かしていくためには、日本本国本社の「御威光」にすがるしかなく、徐々に本社のメッセンジャーの役割に落ちてしまう

第4章 次世代経営者候補のリーダーシップ

図表 4-3　グローバル企業の発展段階

段階	展開パターン	展開イメージ	機能役割	ガバナンス	経営人財
STEP1	生産拠点としての海外進出	・海外売上比率が20%前後 ・海外製造拠点数3拠点前後 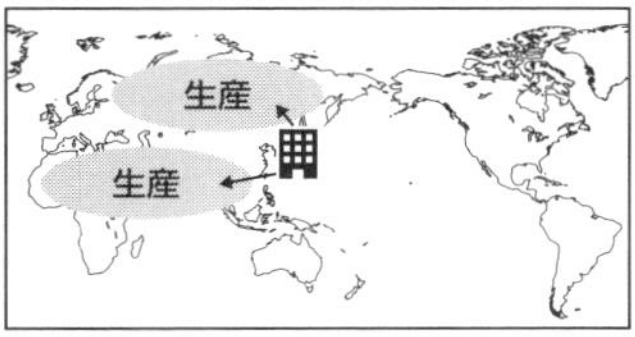	本国集権型	本国ルールによる運用	本国から派遣
STEP2	市場としての海外進出	・海外売上比率を30%前後に高めている ・海外販売拠点数5拠点前後 ・主にM&AやJV等による海外展開 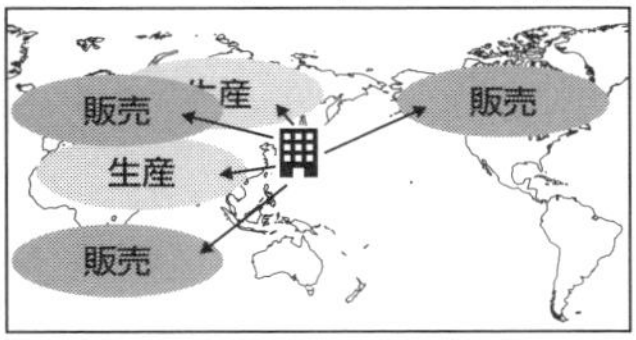	分散型	本国ルールをベースに現地ルールでの運用	マネージャーまでローカルスタッフ
STEP3	海外生産・海外販売の拡大	・海外売上比率50%前後 ・生産拠点の海外展開の歴史が古く、調達・販売拠点の展開も進む 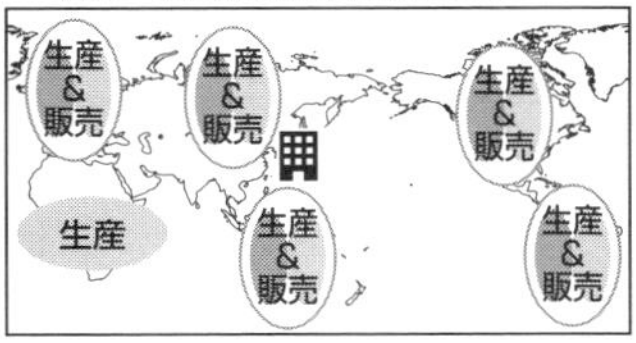	事業部連邦型		ローカルスタッフ対象のサクセションプラン
STEP4	海外統括ホールディングスの設置	・海外売上比率70%前後 ・海外拠点をガバナンスする地域統括組織へ権限委譲し世界3～4極体制を構築 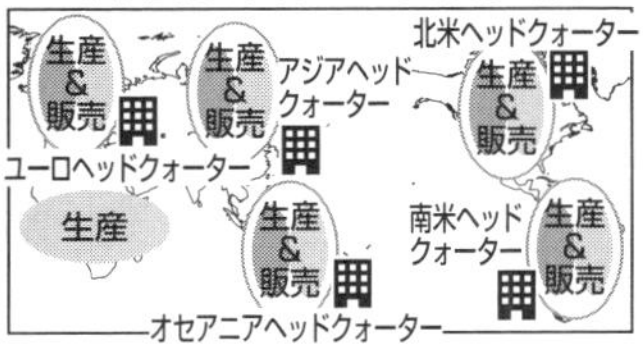	地域別連邦型	全世界統一ルールでの統制	ローカルスタッフプロパー

> - 次期リーダー層を育てていない。お決まりのフレーズは「どうせ育てても、すぐ辞めてしまう or 外資にとられてしまう」

　このように、海外現地法人において見事なまでに経営が遂行されていない実態を多々見てきました。単なる製造拠点として進出していた（図表4-3のSTEP1）昔であればそれでも何とかなっていたかもしれませんが、今後は多くの企業が日本市場の縮小分を補うために図表4-3のSTEP2以降の目的を持って進出していきます。

　活路を海外に見出す企業が増えるわけですから、赴任前に現地経営者として通用するよう心構えとポテンシャルを有した人財を発掘し、数年かけてでも育成していく必要に日本企業は迫られていると考えます。

（2）そもそも国際人とは？

　MD就任以前に「国際人」になっていない状態で海外に送り込んでしまうところに大きな問題があると考えます。そもそも「『国際人』とはどういう意味でしょう」と社内で聞けば案外答えは統一されていないかもしれません。

> A：外国語を駆使して仕事をしている人
> B：外国と行き来している人
> C：外国で活躍している人

　広辞苑にはCの外国で活躍している人、としています。でもそれは残念ながら筆者の解釈とは大きく違います。筆者は中学生の頃から「国際人」になりたいと思っていました。当時の筆者の定義は**外国と日本の双方を知った人間がそのノウハウを駆使し、相互に役立てること**というニュアンスだったと記憶しています。それから縁があり、1年のうち半分以上を海外出張で過ごす経験などをしました。そして筆者の国際人の定義は今でも1つも変わっておりません。

● **日本人が国際人になるにはどうしたらよいのでしょうか？**

　まず日本の歴史、文化、社会、経済を端的に説明できるようになることです。国際人とは自国を十分に知ってこそ、外国人相手の会話ができると考えます。昔、アメリカ人の友人から日本のお寺の建築構造について聞かれたことがあります。正直、全く説明できませんでした。ですが、外国人の目からすれば、なぜ木造なのに1,000年以上も建っているのか、地震があっても倒壊しないのかといった視点に興味があったのか、と改めて自国の理解が不足していることを痛感しました。いくら英語がしゃべることができても、自国のことを知らなければ、会話はそこで途切れてしまいます。コンテンツが無いからです。

　日本でも英語ができないと出世に響く、或いはグローバリゼーションの波に乗り遅れる、といったことを耳にするようになりました。確かに英語は大事なコミュニケーション・ツール（手段）ですから英語ができないとやり取りそのものができませんが、それ以上の意味合いはないのです。筆者が外国で苦労したのは現地のやり方を知ること、そして、日本のそれと比べ長所短所を考え続けたことでしょうか。初めの頃は「（日本と比べて）何でこんなに非効率なことをするのだろう」と思いましたが、それはその国の風習ややり方が歴史の中で育まれているのです。日本の尺度で外国のやり方を決めてはいけないことに気がつきました。

（3）ダイバーシティの進化系へ

　さて、これから益々日本企業において国内・海外においてダイバーシティは進むはずです。しかしながら、今のままでは仏つくって魂入らずになってしまいます。まずは上記国際人としての基本心得を徹底し、決して日本人ムラ体制で経営をしない期待のホープ、赴任先から戻ったら本体の役員を任せるくらいの入り口と出口を整理してから海外に人財を送って頂きたいと切に願っております。

第2部
次世代経営人財の育成

　そもそもこれから本格化を迎えるダイバーシティとは、企業戦略の一環であるという位置づけです（第1章1-2（3）参照）。図表4-3のSTEP3以降のグローバル企業では、上級管理職の業績評価にダイバーシティの推進結果も含めています。ダイバーシティ推進に取り組む最大の理由は様々な異なるアイデアがぶつかり合うことで、イノベーションが起こるからです。

　さらに、男女差や国籍などの違いを超え、最も優秀な人財を採用・抜擢できること。社員それぞれが持っている強みを活かし、最大限の能力を発揮できる組織環境ができること。これらを可能にすることで、グローバル企業の競争力が高まると考えられます。

　ダイバーシティの最大の目的は全ての社員が最大限の能力を発揮できる組織の構築にあり、その成果は顧客が享受するという新たなエコシステム（生態系）の形成にあります。

4-8 　人間力とは何か

（1）人間力とは

　多くのトップと会話をしていると、「当社は人間力のある人財を育てています」「人間力がないと幹部クラスには登用しません」とか、「評価基準に人間力という項目を入れて欲しい」とか、「現管理職を見てもらって、人間力の観点で1～3軍まで区分けしてほしい」とか、「当社は人間力のある一流人財しかいらない」等々様々な意見をお聞きします。最近は書店に行くと"一流"というタイトルの付く本がたくさん刊行されています。それらの本を読めば読むほど人間力の高い人財＝一流の人財ということがわかってきました。

　ここで改めて、人間力の定義を振り返っておこうと思います。

> ●東京大学　市川伸一教授
> 「社会を構成し運営するとともに、自立した一人の人間として力強く生きていくための総合的な力」

若干ビジネスパーソンに適用するには抽象的なので、より具体的な定義を紹介します。

> ●内閣府「人間力戦略研究会」2003 年
> 1．知的能力的要素
> 　　　基礎学力 / 専門的な知識 / ノウハウ / 論理的思考力 / 想像力
> 2．社会・対人関係的要素
> 　　　コミュニケーションスキル / リーダーシップ / 公共心 / 規範意識 / 他者を尊重し切磋琢磨しながらお互いを高めあう力
> 3．自己制御的要素
> 　　　上記 1 および 2 を発揮するための意欲 / 忍耐力 / 追求心

（2）一流人財チェックリスト

次に、多くの経営者と会話を重ね、筆者が見習いたいと心から感じた方々の行動特性と、一流と言う言葉がタイトルに使われている書籍を読破・抽出して作成したリストを掲載します。ちなみにですが、このリストを活用して現幹部社員を 1 〜 3 軍にスコア順に並べてみたところ、納得いく結果になりました。その会社では J リーグのように 3 軍になってしまうと、次の若手幹部候補との入れ替え戦の対象になります。

第2部
次世代経営人財の育成

図表 4-4　一流人財のチェックリスト

大項目	中項目	具体的行動指針	チェック欄
1．信念	自信を持っている	ゆるぎない将来への展望を持つと同時に、その達成ステップを明確に持っている。	
	ポジティブ	まずは「できない」という言葉を言わず、手持ちの資源から何ができるかを考えることから始める。	
	明るい	職場が違っても皆、同じ家族だと考える。共通のルールに基づきお互いの役割を尊重する。その尊重をもって笑顔で挨拶し、「笑う門には福来たる」をスローガンとして、家族一丸となって雰囲気の良い職場をつくっていく。	
2．勇気	リスクをとる	やりたいこと、すべきことを明確にもち、リスクはきちんと計算し、その排除する方策を実行して確実に達成する。	
	限界に挑戦する	自分で限界を設定しない。	
	ビジョンを強化し、恐怖を消しさる	楽観的に構想し、計画は悲観的に、実行は楽観的に	
3．正義	チームワークを大切にする	幸福感に満ち溢れた笑顔をもって協力し合いながら活動を行い、お互いに助け合う。誠心誠意話し合いをし、他のメンバーの意見に真摯に耳を傾ける。	
	約束を果たす	納期順守。守れそうもない時は、早めに報告する	
4．努力	一生懸命努力する	最悪の状況を想定して、それをヘッジする行動を繰り返す。その量と質が極めて多いて高レベル。しかもそれを苦にしない。	
	すぐに報酬を求めない	まずは、プロセスを楽しんで、昇給、昇格はおのずと後について来るものだと考える。	
	生産性にこだわる	どうすれば今の仕事が楽に早くできるようになるか常に考えている。費用対効果の倍率を最大値にすることを考える。	
5．情熱	仕事を楽しむ	寝食を忘れるほど、楽しんで仕事に没頭する	
	迅速に行動する	直接のリクエストに対しては、後回しにしない	
	現状に甘んじない	現状に満足することなく常に新しい事を考えていく。	
	おおいに働きおおいに遊ぶ	仕事でも遊びでも常に全力で向き合える。	
6．忍耐	あきらめない	1度決めたことは、とことん追求する	
	失敗から学ぶ	成功よりも失敗から法則を見つけ出し、同じ失敗を繰り返さない。	
7．成長	観察力を養う	既存の設備や既存の商品に対して足りないものや余計だと思うものを見出すことができる。また、対人面ではメンバーの動向まできちんと把握している。	
	勝つ環境をつくる	負ける戦いはしない	
	複雑なことを単純化する	複雑なことを、わかりやすく噛み砕いて自分の言葉で伝える	
8．規律	批判に動じない	人は批判をするもの。なぜその人が批判をするかの背景を考える。	
	仕事と休養のバランスをとる	会社を1歩でも離れたら仕事のことは一切考えない。会社に入ったら仕事以外のことは考えない。	
	なぜにこだわる	最低5回ロジックツリーを活用し、真の原因をつかまえる	
9．感謝	周囲の人に支えてもらう	社内・社外をとわず、良質なネットワークを構築している	
	人脈づくりが得意	社内に互いに名前がわかり1分程度の上立ち話ができる人が50人はいる。社外では名刺を使わずに仕事ができる人が何人かいる。	
10．謙虚	自分の無知を認める	知らないことは知らないと素直に認められる	
	他人を責めずに反省する	叱る前に、自分の指示の何がおかしかったか反省できる。	

※1軍に入るためには、チェックリストの80％にチェックが入ることが必要です。（2軍は60％〜80％、3軍は60％未満）

第5章

グローバル時代の人財育成
創造的な人と組織をつくる文化と制度の革新

　「チームコンサルティング」を理念に掲げるみらいコンサルティング株式会社。理念に基づく経営と人財育成の課題解決のポイントについて、同社　執行役員プロフェッショナル・サービス事業部部長　大谷公紀氏、組織・人財開発室室長　津田識義氏に、ジェック　取締役CPM変革推進本部長　越膳哲哉が聞いた（文中敬称略、『ジェック行動人』2016年春号p.34〜p.39より転載）。

1. チームコンサルティングで「生涯常連顧客」を創造する

越膳哲哉（以下、越膳）　「組織が変わるには人が変わらないと」「人が変わるには意識が変わらないと」と言われます。私どもジェックが提供する価値は「個人と組織の改革」。変革意欲を持ち、自己改革力のある人と組織を数多く作り、共鳴していただけるお客さまやパートナーとともに「お役立ちに満ちた経済社会」を実現することをビジョンとして持っています。
　御社の理念やコンサルティングにも深く共感、共鳴しており、ぜひお話を伺いたく思っております。まず、御社のソリューションの特徴として「チームコンサルティング」が挙げられるかと思いますが、これについてお聞かせください。

大谷公紀（以下、大谷）　我々が所属するみらいコンサルティング株式会社、税理士法人みらいコンサルティング、社会保険労務士法人みらいコンサルティング3社がグループの柱となり、公認会計士、税理士、社労士など

第2部
次世代経営人財の育成

様々なプロフェッショナルがいます。

プロフェッショナル・サービス部は経営コンサルティングの部隊で、公認会計士、中小企業診断士、税理士、事業会社出身者からなる混成メンバーで、経営改善、成長戦略支援、企業再生・再編、M&A株式公開などの総合支援を行っています。

経営支援にあたっては、ある1つの課題へのご相談から入りますが、それが解決すれば経営が改善するというものではなく、最終的には人の意識を変えないと組織は変わりません。

株式会社ジェック取締役
CPM変革推進本部長
越膳哲哉(えちぜんてつや)

我々がプロジェクトの真ん中に入り、課題や戦略に応じて、グループ企業や社内のプロフェッショナルを揃え、ベストメンバーのチームを作ります。そのチームをマネジメントしながら、お客さまをトータルでご支援するようプロデュースする。これが「チームコンサルティング」(図表5-1)です。

越膳 御社のトップ、久保光雄代表取締役の言葉で、大変に興味を引かれたのが「生涯常連顧客」です。インパクトがあり、様々な思いが込められていると感じます。

大谷 これは「チームコンサルティング」を表現した言葉です。当社のお客さまは中小企業がほとんど。経営課題は、ライフステージや経営環境によって日々変わります。

お客さまと長いお付き合いをさせていただく中で、何か課題が出てきたらすぐに当社にお声を掛けていただきたい。「人、組織、お

みらいコンサルティング株式会社
執行役員　プロフェッショナル・サービス事業部部長
大谷公紀(おおたにまさき)

図表 5-1　みらいコンサルティング　チームコンサルティングの図

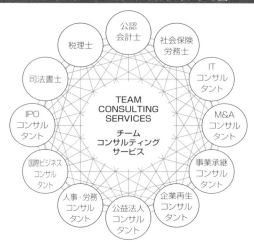

金、何でも全部、みらいに相談すれば解決してくれる」と思っていただけるようになろうと考えています。

2. MCウェイ
──トップの本気度が継続的行動に

越膳　津田さんは「組織・人財」、人事のスペシャリストと伺いました。人事制度構築や運用の支援に入られて、経営改善を図るイメージでしょうか？

津田識義(以下、津田)　経営者の悩みに包括的に応えるために、人事制度構築から入る場合もあれば、戦略から入る場合もあります。「制度を作ったが、人は育っていない」というところに付き添い、支えるイメージです。

みらいコンサルティング株式会社
組織・人財開発室室長

津田識義

図表 5-2　MC ウェイ

グループ理念
①私たちは、「公共の利益」に資する「誠実なプロフェッショナル集団」として、ひとりひとりが「職業倫理」を強く認識して、共有する「ミッション」「経営方針」を達成するために事業を推進する
②私たちは、「世界的視野」と「人間を基本とした経営」を軸とし、クライアントには「最良のサービス」を、仲間には事業(仕事)を通して「高い働きがい」と「十分に成長する機会」を提供する
③私たちは、「クライアントの目的・目標」を最も良く達成するために、「チームコンサルティング」を推進する

使命
①私たちは、「クライアント代理人」としてクライアントの「真の成長・成功」をサポートする
②私たちは、「クライアントの成功」すなわち「私たちの成功」であると考え、行動する
③私たちは、「個性」を重視し、「人材の育成」と「社員の幸福」を追求する
④私たちは、仲間の「働きがい」を高めるため、「進化」を続ける

経営方針
①「事業・業務推進」のために、仲間を求め、価値観を共有して、健全な拡大・成長を行う
②「中堅・中小企業」の真の成長・成功のために「必要十分な(過不足のない)サービス」をタイムリーに提供する
③クライアントの「成長ステージ」にあわせ、クライアントの特長を活かした「ソリューションサービス」を提供する
④クライアントの状況を常にグローバルな視点により判断し、ローカルに適した「ソリューションサービス」を提供する

実は私はコンサルとしては24年目ですが、入社は今年1月です。

越膳　そうでしたか。ぜひ入社された思いをお聞かせいただけますか？

津田　MCウェイ(図表5-2)に非常に共感しているのです。特に「お客さまの成功を我々の成功と考える」という点に共鳴しています。

大谷　我々はプロフェッショナルの集団ですが、MCウェイで結び付いている。バラバラになることはありません。

越膳　MCウェイがまさに共通の価値観になっている。すごいことだと思います。私どもも、理念やウェイの浸透から行動化までのお手伝いをしますが、共通の価値観になっているかというとなかなか難しい。どのような施

策をされているのですか？

大谷　MCウェイを基にした研修は、幹部、チームリーダー、スタッフ各々に特化した内容で、頻繁に行っています。講師はトップや幹部社員が務め、理念に絞った研修もします。

　現トップがMCウェイを作ったのですが、その思いを社員に対して口を酸っぱくして伝えています。メッセージを発信し続けています。

津田　入社して改めてすごいなと思うのは、トップの本気度がひしひしと伝わってくることと、その仕掛けを継続的にやられていることです。作ったら作りっ放しではないのです。

大谷　思いや理念を共有する組織ですので、当然採用でも、MCウェイを理解いただける人かどうかを重視して選考にあたります。

越膳　御社が実践されていることは、1つのノウハウとしてお客さまにご提供できますね。プロフェッショナルの個性を重視し、理念に共鳴している集団は、理想的なモデルです。

3.「自分事」と「理念行動の評価」が理念・ウェイマネジメントの王道

越膳　ここ数年、理念浸透やウェイマネジメントのお手伝いへのご要望が増えてきているように思います。

大谷　そうですね。特に、後継者育成を目的に、次の経営陣が会社の将来を考えて、一緒に理念も再考したいというケースが増えていますね。

越膳　世代交代のタイミングは理念見直しのいいきっかけですよね。どのようにお手伝いされるのですか？

津田　ちょうど先日、20年のお付き合いのある社長から「息子を頼む」と言われて、全社ビジョンを作りました。まさに事業継承です。

　社長のテーマは「全社員参画」。「自分事」ということをすごく大事にされています。人間は誰しも、「自分事」「他人事」という意識があり、「どうせ他人が作ったものだ」と思うと動かないのです。

ならば「自分たちで作る」と言わせる。膝詰めで、時には夜を徹しながら、自分たちの会社がどうありたいかを真剣に考える。そうすれば自ずと「自分事」になりますね。

　自分が「やりたい」と言ったものは楽しんでやります。やらされ感がない。くじけそうな時でも「やりたいと言ったよね」とリマインドする。これが一番の近道であり、上手くいくパターンだと思います。

　そして、理念に沿った行動を評価に入れる。人事評価制度の「9ブロック」の横軸を業績・パフォーマンス、縦軸を理念・ウェイにして、右上にくる「理念に沿って行動し、業績が高い人」が評価・選抜されることを明確にする。理念を実践しないと上にいけないという企業風土を作ることです。

　この2つが、企業における理念浸透、ウェイマネジメントの王道なのではないか。しかし、これらを実践する経営者は非常に少ないのです。

越膳　経営者が実践していても、ある程度の規模になって階層が増えるとコミュニケーションのずれが生じます。ミドルが理念に本気でなければ、メンバーは当然本気にならない。ミドルの意識やマネジメント行動の改革はどのように行うのですか？

津田　理念に本気にならない人をミドルには選んではいけないというシステムを作ります。理念に背いているミドルを選んだ時点で組織は緩む。当社の配置も同様だと思います。

大谷　はい、評価もそうです。業績とともに理念に基づく行動評価があり、リーダーや管理職になるには両方の評価が必要です。理念や価値観でまとまっている会社ですから。

越膳　「採用」「配置」「育成」「評価」という人事の流れのすべてが、理念を物差しにしている。うらやましいですね。その鍵を握るのは、部門を預かる人が、理念・ビジョンに共鳴できる人をポジションに置けるかどうかですね。

津田　はい、人事を預かるトップの覚悟だと思います。

我々が提供しているサービスの要は、メインターゲットである中小企業が持っていないタレントマネジメントのシステムを作り、実践を通じて部門長候補や次世代経営者のパフォーマンスをよく見て、アセスメント（予測評価・査定）し、入れ込んでいくことにあります。

4. 異能のリスペクトが需要創造とイノベーションの鍵

越膳　久保代表取締役の言葉で、もう１つ心に残っているのが、「多様性の認容」です。これが御社の要だと思うのです。
　サラリーマン意識で従属的に組織にすがっているのではなく、個性を重視したプロフェッショナルの集団では、多様性を認容する風土がないと、はじき合うことになりかねない。採用でも、採用側の価値観を超える人は、はじいてしまう。その時点で多様性を疎外しています。
　また、理念からぶれずにいても、多様性を受容できずに苦しんでいるお客さまもいらっしゃいます。

津田　多様性、ダイバーシティーの狙いとは、まず、「人財」が顧客ターゲットと一致していること。これが一番大事です。もう１つの狙いは、イノベーションの時代、破壊的イノベーションが起こると、昨日までの成長企業が明日は突然衰退企業になる。経営危機にいつ陥るかわからない。そこから脱却し、新しいイノベーションを起こすには、異能な「人財」が必要です。
　しかし、異能をリスペクトすることはすごく難しく、実践できる人は非常に少ない。そして、実践できないと経営が立ち行かなくなるとわかっている経営者も、非常に少ないのです。

越膳　価値観がはじいてしまう…。

津田　はい、その価値観を変えるために、余力がある企業は、早い段階から海外に行かせて文化を肌身で感じさせ、異能をリスペクトする重要性を理解させようとしていますよね。

我々はラッキーなことに異能集団。プロフェッショナルのプライドを傷つけたり、異能をリスペクトしないマネジメントには誰も価値を提供しない。そうするとお客さまにとって「全体最適」にならず、MCウェイを守ることができません。

大谷　当社のような異能集団であればわかりやすいのですが、一般的な企業の、特に事務方のみなさんには、自分が何のプロフェッショナルなのかがよくわからないという方もいる。

津田　そうなんです。私はまず、「あなたは何ができる人ですか、強みは何ですか」と聞きます。個人の強みが先にある。その強みと強みを結び付けたら、最強の組織ができ上がるでしょう？

働く人が何のプロフェッショナルなのか、強みを登録するなどして、組織は個人の強みのネットワークを活かす努力をする必要があります。

越膳　個人がプロフェッショナルとして強みを発揮し、組織でシナジーを生んでお客さまに価値を提供している。御社では、多様性を受容し、異能をリスペクトすることが、価値そのものだということですね。

津田　私なども異能中の異能で、よく採っていただけたなと…（笑）。

大谷　私は異能を採ろうと思っているのです。当社の人事・組織系のコンサルティングでは、これまで「制度」が軸になっていました。これまで弱かった部分を強化するために一番欲しい「人財」だったのです。

津田　我々の組織・人財開発室のテーマが「箱と魂」なんです。

越膳　「制度」に「魂」を入れる「人財」として。

大谷　そうなんです。

越膳　今、さらっと「異能を採ろう」と言われましたが、よほど懐が広く、勇気がないとできないことですよね。

大谷　我々経営コンサル部隊は、社労士や税理士のように特定の専門領域がなく、常に新しいサービスを、社会が変わる少し前に打ち出すことの必要性をひしひしと感じています。

やはり現有メンバーだけでは限界がある。当社には、目先の利益ではな

く、先を見て異能を認容する風土があります。組織の土台があります。

5.「制度」に「魂」を込めて人と組織の価値観を変える

越膳　ジェックでは創業以来50年、「行動理論の改革と集団性格の革新で企業の発展を図る」を企業理念に人財教育や経営変革を生業としており、その中心にあるテーマは、「個人と組織の価値観を新たな価値観に切り替える」ことにあります。

　私どもは企業文化のことを「集団性格」という言葉で表していて、個人に性格があるように、集団にも性格がある。性格を形成している価値観を変えて、新たな文化に革新する、あるいは融合する。私の現在のメインテーマはここにあります。

　M&Aのご支援というのは非常に難しい領域で、各々の会社にはもともと培ってきた理念や価値観があり、制度を統合すれば事が済むというものでもありません。どういうところをポイントとされているのですか？

大谷　統合後のプロセスで人事、組織の総合力が問われるところですね。

津田　はい、「人財」育成とタレントマネジメントのスタートラインを引き直すというところだと思います。

越膳　なるほど。スタートラインを引き直す、その線とは何でしょう？

津田　価値観だと思います。

越膳　私も、企業文化の正体とは組織全体に根付いた価値観だと思います。高度成長期に急成長した製造業など、過去の成功体験に縛られるほど身動きできず、価値観を変えるのは難しい。価値観をどのようなプロセスで変えていくのですか？

津田　まず、企業の成長ステージを見て、どこまで変えていいのかをオーナーと膝詰めで話し合います。次にその革新に必要なリーダーを選びます。

　コンピテンシー（業績優秀者の行動様式や特性）などで評価基準を作り、

理念への共鳴と変革意欲を見ていきますが、これを日々の仕事から見抜けるかどうかがポイントです。

越膳 なるほど。そういう「人財」を抜擢し、変革を起こす運動体として成功事例を作り出していくことで、組織全体の価値観を変えていく。

津田 場合によっては人事部と戦わなければいけない局面もあります。

過去の人事制度の価値観で引き上げてきた人というのは変革意欲を持たない人が結構いて、変革意欲のある「人財」は埋もれてしまっている。それをピックアップできるかどうか。

越膳 お客さまにとっては、非常に勇気がいる決断ですよね。

津田 はい、簡単にはいきません。教育で人を育てると言いながら、本当に革新的なリーダーが育っている事例は意外と少ないのです。

でも、私はこれを中堅以下の企業で実現したいのです

越膳 まさに「制度」に「魂」を入れるということですね。企業文化や風土を革新する場合、きちんと手を打っていかないとすぐに元に戻ってしまいます。

当社では慶應義塾大学との共同で組織文化を診断するアセスメントのツールを開発し、それらもベースにして意識改革のコンサルティングやトレーニングを行っています。

御社の素晴らしいところは、さらに制度面でのお手伝いができる。「制度が文化を作る。文化が制度を作る」という関係性において、非常に大きな強みだと思います。

さらには常にMCウェイを実践されて、異能をリスペクトし、理念でコミットしたチームを作り、組織のシナジーを高めるようプロデュースし、価値を提供する。「制度」というハードと「魂」というソフトの両面から。これを社内でも、お客さまの組織の中にも実現する。まさに素晴らしいの一言に尽きると思います。

第3部

次世代経営人財を育てる仕掛け

戦略

人財

仕掛け

第6章

人財を育てる仕掛け

6-1 ■ 組織開発（戦略と人財をつなぐ仕掛け）

（1）組織は戦略に従う

　最近では、今後日本市場の縮小が明確に見えてきたことにより、中堅以下の企業であっても、その存亡をかけて海外市場に打って出るケースが多くなってきました。第4章図表4-3は、日本企業が海外に進出する場合のその発展段階を示しています。左からSTEP1で右のSTEP4の最終形態に進むに従い、ドメスティックカンパニーからグローバルカンパニーに進化していくこととなります。

（2）発展段階に応じた組織とは

● Step1

　海外現地法人を設立して、海外に製造拠点を確保する段階です。まずは、日本から全ての部品を輸出し、現地組立工場で最終製品にするノックダウン生産から始まり、徐々に部品の現地調達を進めます。日本的現場中心主義が展開され、品質管理システム等の現地移転が行われ、製造・生産技術などの日本人の熟練社員が多数派遣され、OJTで現地人を育成していきます。現地人はワーカー中心であるが、監督者への登用もあり、現地トップの育成にも着手されます。また、現地人を日本に招いての研修も行われます。一般的に

は日本国内の本社に、海外事業部が設置され、現地子会社を管理することになります。

● Step2

　現地子会社と日本の本社や主力工場との関係が強まり、情報や人の交流が頻繁になり、近隣諸国の子会社との国際分業体制が始まります。現地人のミドルマネジメントやスペシャリストの育成が課題になります。ローカルのCDP（Carreer Development Program）、目標管理制度、昇進・昇格基準の明確化などの人事制度の整備が必要となります。日本人に関しては、日常業務を上から指導するスタイルではなく、チームとしての業務遂行が必要とされ、豊富なビジネススキルと現地人に溶け込める性格適正、異文化理解・受容力が求められます。日本国内の本社に海外人事課が設置され、国際経営者の積極的な育成、選抜、CDPの策定、日本国内での外国人の採用、現地子会社社員の日本への出向などが行われ始めます。

● Step3

　海外子会社間のネットワークが構築され、生産分業や部品調達、生産調整、下請け企業の共有化、共通部品の相互交換、R&Dの共有化などが活発化する段階です。この動きに対応するための地域統括拠点が設置されます。日本国内本社では、海外での個別の事業の活動を越えて、海外事業活動を機能面で調整するマトリックス組織が形成される場合があります。海外関連の財務・法務・人事・広報・情報システムなどの各機能分野の情報の一元化が図られ、さらに、この段階の動きとしては、戦略的な合弁会社の設立があります。合弁により自社の弱点補強、新事業、新業態への進出を図るわけです。人財面では現地人の経営能力も上がり、合弁先からも優秀な人財が経営に参画するようになります。このため日本人を派遣する場合には国際事業経営に精通した、より力量のある人財が必要となります。このような人財を選抜・確保・育成・処遇するべく国際人事部の役割が必要となってきます。

Step4

最終段階のグローバル化段階では、日本本社へのこだわりを捨て、国境を越えた世界的な柔軟で機動性に富んだ事業展開を行います。この経営の前提は、拠点の社員の行動を統制できる明確で強固な経営理念・企業文化の存在があります。日本人、現地人といった区別は、ある階層以上では不要となり、両者は統合された人的資源管理のもとで、採用、評価などの人事施策が実施されます。

(3) 業務組織図

各段階において、必要機能が違ってくることを理解した上で、その必要機能を組織図に書いていきます。そうすることにより、あの人がいるからこうしよう、これしかできないという発想から、**この機能を発揮するためにはどんな人財が必要か**という発想に変化します。人の配置の前に、戦略を達成するために、どのような機能と役割が必要なのかという発想が求められます。

(4) 人財開発部門6つのミッション

これからの時代、人財育成の責任を持つ人財開発部は、以下6つのミッションを常に意識しておく必要があります。

ミッション1：経営の要望に応える人財を安定的に輩出するシステム構築
- 優良な経営人財の安定供給
- 人財育成体系に対する合意
- 定期的なトップとの話し合い（戦略部門と人事部門との融合の視点）
⇒常時優秀な人財を一定数保持しておく＝タレントプールをつくる

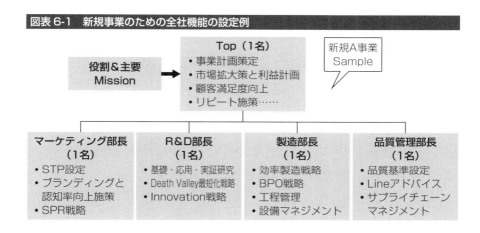

図表 6-1　新規事業のための全社機能の設定例

- **ミッション2：現場ニーズに即した教育の実施**
  - 戦略を実践し、成果を出し続ける人財を創り出す教育方法・コンテンツの追究
  - （現場ニーズの抽出のため）現場責任者との徹底的な話し合い

- **ミッション3：初期段階の教育の徹底**
  - 30歳前後までに初期教育を済ませる（国際競争力向上のため）
  - ビジョン浸透の徹底（経営候補のエンゲージメント向上のため）

- **ミッション4：社会的・地域の要請**
  - コンプライアンス実践
  - ダイバーシティ実践

- **ミッション5：人財マネジメント機能との連動**
  - 人財マネジメントプロセス全体を通じて人財を開発するバリュー・チェーン創造
  - 昇進・昇格・配置・異動・評価・報酬（図表4-3、Step4では世界共

通の尺度が必要）

- ●ミッション6：人財育成の目的・内容のアナウンス、現場との協力体制
  - 社内周知の徹底（全社員の目を引きつけ、公平にチャンスを付与する）
  - 現場責任者との関係性強化

以上6つの基本ミッションを念頭に置き、「戦略目標達成のための人財供給のバリュー・チェーンの要となる」という覚悟が必要になります。

6-2 ゲーミフィケーションの威力

（1）ゲーミフィケーションとは

ゲーミフィケーションという言葉は「日常生活の様々な要素をゲームの形にする」という意味の単語「ゲーム化（Gamify）」から派生し、遊びや競争など、人を楽しませて熱中させるゲームの要素や考え方を、ゲーム以外の分野でユーザーとのコミュニケーションに応用していこうという取り組みのことで、ゲーム独特の発想・仕組みによりユーザーを引きつけて、その行動を活発化させたり、適切な使い方を気付かせたりするための手法のことです。

企業においては、求人、研修、社員のパフォーマンス向上のために、ゲーミフィケーションを社内的に利用しつつあります。また、革新を推進し、知識を共有し、従業員の健康を増進することにも使用しています。ゲーミフィケーションは、社外関係者を顧客ロイヤリティ、マーケティング、教育、革新の活動に参加させる目的にも有用であるとともに、顧客、社員、web利用者など、どのような関係者グループでも上手く機能させればゲーミフィケーションの対象になり得ます。企業は、テクノロジー、製品、サービスに関連した広範なシナリオにゲーミフィケーションの技法を活用し、製品やサービ

スに関する戦略を向上させることも可能です。

　このゲーミフィケーションを企業活動に取りこむには 3M と呼ばれる 3 要件が必要になります。

● 動機（Motivation）

　外部的な報奨と内部的な動機付け、またはそのどちらかによって、行動の変化を促していきます。外部的な動機付けはユーザー個人の外側に由来するもので、金銭やグレードなどの報奨が促進要因になります。内部的な動機付けはユーザー個人の内面に存在するもので、その個人が関心を持っていたり楽しんでいたりする行動に由来します。

● 勢い（Momentum）

　勢いはプレーヤーのエンゲージメント度合いによって変動します。ゲームの分野では、勢いはプレーヤーに提供する課題の難しさとプレーヤー自身の能力レベルとのバランスによって決まります。プレーヤーにとって課題が簡単すぎればすぐにプレイに飽きてしまい、反対に難しすぎると不満がたまってしまいゲームへの参加率が落ちてしまいます。ゲーム化されたアプリケーションでは、プレーヤーを短時間で引き込み、課題やルール、チャンス、報奨、レベルなどゲームのメカニズムを上手く活用して、このエンゲージメントを維持する必要があります。

● 意義（Meaning）

　より大きな目的に貢献することを意味します。ゲーム化されたアプリケーションが成功を収めるためには、参加者にとって意味のある報奨を提供しなければなりません。どのような報奨や刺激が良いのかはユーザーごとに違いますが、多くのユーザーはコミュニティ・社会への貢献、具体的な能力の習得、大きなタスクの達成（目標達成）などに価値を見いだします。

上記3つの必要要件を満たした上で、さらにゲーミフィケーション成立のための4つの十分条件が存在します。
① 何をすべきかが明確になっている⇒目標・課題・アクションの明確化
② 自分が今どこにいるのかが可視化されている⇒現在地・現状の可視化
つまり、ランキング・ポイント・レベルの見える化
③ アクションに対する即時フィードバック（称賛）がある⇒他者からの承認・称賛による自己効力感
④ 達成すると、報酬（金銭に限らずモノでも心的報酬でも良い）がもらえる⇒達成感および達成に対する報酬の魅力

（2）ゲーミフィケーション活用事例

　ANAはゲーミフィケーションを社外、特に顧客を巻き込んで展開しています。そもそもANAは顧客を一般/ブロンズ/プラチナ/ダイヤモンドの4段階のステータスに分け、サービスを段階に合わせて徹底的に差別化し、優良顧客への誘因を高めていて高リピート化を促進しています。
　その施策に加え、ミリオンマイラープログラムでバゲッジタグを進呈しています。生涯マイルが50万マイルに到達すると加賀蒔絵のオリジナルネームタグをもらえ、最高の300万マイルになると最高級の蒔絵のネームタグに加え、生涯プレミアラウンジ使用権およびマイルの有効期限が生涯となる等の特典が付いてきます。

（3）なぜ、これからゲーミフィケーションなのか

　50歳以下の社員であれば、小学生の頃には自宅にファミコンがあり、放課後は友達の家を巡ってゲームをするのがスタンダードな遊び方だったのではないでしょうか。つまり年齢構成的にほとんどの社員は子供の頃からゲームがあるのが当たり前であり、それは生活の中に深く入り込み、逆にゲームが

ない生活など考えられないという環境の中で育ってきているという事実があります。そんな社会背景のもと、社会人となり会社で過ごす時間の中でゲームがないことにストレスを覚えるのではないかと推察できます。

であれば、特に社員の平均年齢が低い会社においては積極的にゲーミフィケーションを導入されることをお勧めします。さらに、このゲーミフィケーションは、目標管理制度およびコーチングととても相性が良いのです。

目標管理制度においては、目標達成をするために効果が高いとされる行動を取ったら●ポイント進呈等、KPI運営と関連させ、そのポイント付与対象の行動は業績に結びつくものに限定すれば、対象社員のモチベーション向上はもちろんのこと、会社にも業績向上というメリットをもたらすことになります。p.121のJリーグの事例もゲーミフィケーションの一例です。

また、コーチングは前述の通り、本人をその気にさせ、目標を達成してもらうための手段ですから、コーチング過程での動機づけ要因は多ければ多いほど本人のモチベーションが向上し、成功確率は高くなります。例えば、コーチ（もしくはメンター、トレーナー）との約束を守っただけで●ポイント進呈等が有効と考えられます。

(4) ゲーミフィケーションとモチベーション

● 定期的フィードバックで欲望に訴える

人間は、本来何かを習得したいという欲望を持っています。この段階は直線的ではなくループされており、フィードバックがまたインセンティブになり、このプロセスは何度も何度も繰り返されます。このループを繰り返し行っていると自分がだんだんと習得している（成長している、進歩している）という感覚が生まれてきます。この進歩しているという感覚がインセンティブ（モチベーション）につながります。ゲームはこのステップに似ており、このプロセスを助けることができるのです。

●ポジティブ連鎖による行動変化

　何かをしようとする「行動」は人を賢くし、達成が伴うと人は快楽を感じます。快楽を伴う「経験」に対し、脳はさらにその体験をもとめ、行動に変化が生じてきます。ゲームはこの「人間の行動プロセス」と同じようなパターンを踏み、かつ最初の「行動」を生み出すことができます。また、ゲームをクリアした時、またはあるレベルに到達した時など、いくつかのプロセスを伴って得られる達成感にはポジティブなパワーがあります。ポジティブな経験は行動に変化を与えることになります。

第7章

タレントマネジメントという名の仕掛け

7-1 ■ 縦軸と横軸。決まりをつくる

（1）タレントマネジメントとは

● 定義

　タレントマネジメントとは、「人財の採用、選抜、適材適所、リーダーの育成・開発、評価、報酬、後継者養成等の人財マネジメントのプロセス改善を通して、職場の生産性を改善し[1]、必要なスキルを持つ人財の意欲を増進させ、現在と将来のビジネスニーズの違いを見極め[2]、優秀人財の維持、能力開発を統合的、戦略的に進める[3]取り組みやシステムデザインを導入すること。」と世界最大の人材マネジメント協会SHRM（世界最大の27.5万会員のHRMプロフェッショナルのコミュニティ）発行の2006年度版『タレントマネジメント調査報告書』の中で定義されています。

---

[1] 次世代経営者候補達が実務で業績を伸ばすための勘所を掌握しながら自身が掌握する部門のプロジェクトを進化させていきます。業績を上げながら、人財を育てていくことが肝要です。
[2] VUCAの時代には、バックキャストにて必要な（現時点では不足している）戦略を選定していく必要があります。新しい事業を立ち上げる必要がある場合は、新規事業の構想を考え、それをスムーズに立ち上げていく力が次世代経営者候補達には求められます。
[3] 当初狙った目標通りに進捗しているか常にウォッチしながら、下図の全体系を有機的に連携させることが肝要です。

図表 7-1　タレントマネジメント全体像

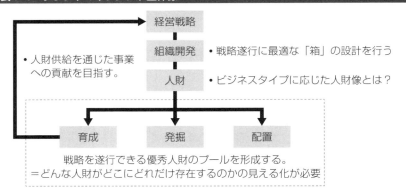

● **タレントマネジメント全体像**

　組織は戦略に従います。未来のありたい姿と現状を行ったり来たりし、何をすべきか、どのルートであるべき姿に到達するかを決定したら、どういう「箱」が最も機動的にそこに到達しやすいかをベースに設計します。次に、その「箱」を動かすにはどんな人財が必要かを想定し、人財プールから発掘・配置・育成していきます。

● **グローバル化の進展とリンク**

　グローバル進展フェーズに合わせ、グローバルマーケットで成長するためにダイバーシティを進展させ、真のグローバルカンパニーに転換していくためにはタレントマネジメントは欠かせない概念です。

（2）軸がタレントプールを決める

　戦略目標達成のための人財供給源であるタレントプールにどんな人財をストックしておくべきかは、その選定基準である「軸」により全てが決まります。例えば、9ブロックでの人財マネジメントの元祖である GE 社のものは横軸に業績をとり、縦軸にミッション・理念・バリューの実践度を取ってき

ました。一番右上にプロットされる人財が次世代経営者としてのスポットライトを浴び、事業を任されることになります。

この横軸、縦軸は、次の時代を担う人財に何を期待するかで決まるわけですから、会社によって、任意に設定可能となります。ただし、その軸によっては選定される人財が大幅に変わってしまうことだけは認識しておく必要があります。

(3) 横軸と縦軸とでシミュレーション実施

パターン1＝横軸：変革⇔縦軸：能力
パターン2＝横軸：理念⇔縦軸：業績
パターン3＝横軸：人間力⇔縦軸：業績

【基礎データ】

次世代経営者候補	変革	能力	理念	業績	人間力	合計
A	3	8	10	8	8	37
B	6	7	9	7	7	36
C	3	5	9	8	6	31
D	8	3	8	2	8	29
E	8	8	8	10	9	43
F	10	10	2	10	6	38
G	9	6	4	8	5	32
H	2	7	2	3	3	17
I	3	8	3	8	4	26
J	2	6	2	2	5	17
K	3	3	10	3	10	29

A～Kさんは、11名の選抜された次世代経営候補です。プログラム終了後の点数が上記の表であったとします。総合点では、Eさん、Fさん、Aさんの順に高いのですが、以下、タレントマネジメントの横軸、縦軸のとり方

で右上の最優秀ブロックに位置される人財が変わってくる様を見てみましょう。

● パターン1（横軸：変革⇔縦軸：能力）のケース

このままでは先行き業績の向上が見込めず、抜本的に事業構造を見直す必要がある場合は、変革力と戦略策定＆遂行能力が求められます。この場合のプロット図は図表7-2のようになり、E、F、Gさんの3名が最優秀ブロックに位置づけられます。

● パターン2（横軸：理念⇔縦軸：業績）のケース

業績も大事ではあるが、長期的な発展のために理念の実践も同様に欠かせないとした場合、A、B、C、Eさん4名が最優秀ブロックに位置づけられます。

● パターン3（人間力⇔業績）のケース

業績も大事ではあるが、一流人財で経営陣をそろえたいとする場合、E、A、Bさん3名が最優秀ブロックに位置づけられます。

上記3パターンでいずれも最優秀ブロックに位置づけられるのはEさんのみで、あとは入れ替わりが発生します。

（4）埋もれた人財はいないか（敗者復活の儀式）

上位優秀ブロックの入れ替わりだけではなく、下位ブロックでも同様に入れ替わりが発生します。つまり、縦軸・横軸を入れ替えた場合、それによって浮上する人財と切り捨てられる人財が発生することに留意が必要です。

特に、1回設定した軸で切り捨てられた人財が、その影響で永遠に浮上できないのは会社にも本人にも不都合をもたらす事もありますので、多角的に

第7章
タレントマネジメントという名の仕掛け

図表 7-2　パターン 1

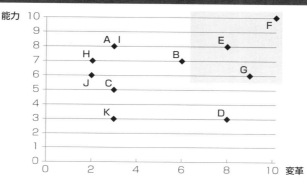

図表 7-3　パターン 2

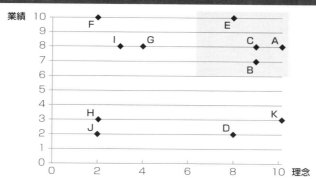

図表 7-4　パターン 3

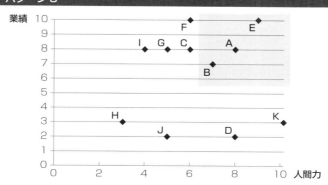

検証し、敗者復活の機会を設けることも検討します。

● 敗者復活の儀式

▷▷▷ たられば面談

　もし、AからC部門に異動になったとして、あなたは着任してから3ヵ月、どのような事に目をつけて、どんなアクションを取りますか？等、リアルに異動後を想像させ、そのパフォーマンスを想定してみます。

▷▷▷ 軸の変更

　業界内にとどまらず、好業績企業のベンチマークを行い、幹部層に対し、どのような軸でピックアップしているかを随時研究し、内々でシミュレーションをしてみます。

▷▷▷ プロジェクトチームへの参画依頼

　定期的に社内横断のプロジェクトチームを発足させ、メンバーを自発的に募ってみます。そのプロジェクト期間のパフォーマンスをしっかり測定しておきます。

▷▷▷ 360度評価

　一部の企業では当たり前のように実施されていますが、中堅・中小企業においては上司からの評価が一般的です。この360度評価を導入することにより、従来とは全く評価結果が変わることが考えられます。

7-2 ■ 攻めと守りの陣容

（1）攻めと守り、どちらが先か

　最近、新しい戦略構築の依頼が増えてきております。ご要望はクライアントの位置するライフステージや競争環境により様々ですが、大きく見ますと攻めと守りの両方を同時にリクエストされるケースが最近特に増えています。IPO[4]を目指してまずは現状火が吹いている生産性向上への取り組みが必要という認識があります。年中繁忙期が続き、社員が疲れ果てて、従業員満足度が低下し、離職率も向上しているという現象が起きています。と同時に、将来は2代目に引き継ぎ、新しいビジネスモデルを加えて売上を倍増し、夢のある経営をして行きたいという想いもあります。

　そのような場合には、上場審査基準をクリアすることを念頭に置き、まずは内部固めからスタートすることをお勧めします。その理由は

　まずIPOを前提とした場合、審査基準を通過しなければならないため未整備の人事制度、決裁権限、諸規程類を整備しなければなりません。その際、形式だけ整えても審査通過後に業績向上が担保されるわけではないので、体制を整備すると同時に現状業務遂行にあたっての諸問題の解決をしなければなりません。それを後回しにしてしまうと将来ビジョンとのギャップがさらに拡大してしまい、現状維持さえも危ぶまれる事態に陥ってしまうリスクがあります。そのリスク回避策としての位置づけです。

　次世代経営者の育成には、会社の現状把握が欠かせません。上記①の問題

---

[4] ある企業が資金調達・事業承継のために、オーナーやその家族といった特定の株主が保有し、流通していない状態の株式を、不特定多数の投資家に発行株式を公開すること。取引所の公開条件が厳しいため、ジャスダックや東証マザーズ、ナスダックジャパンといった新興市場における、IT関連企業を中心としたベンチャー企業の株式公開が急増している。

解決フェーズのプロジェクトに参加いただくことにより、会社の現状が手に取るように把握できるため、上場後のビジョンおよび戦略設計がスムースに運ぶ環境を整えることができます。

現状事業における改善を先に進めることにより、それに参画する次世代経営者およびそれをサポートする右腕候補者達の仕事に対するコミットメントやアプローチ手法を観察することにより人財評価が実施しやすくなります。

●攻めとは
　現状のビジネスモデルとは違う将来成長が望める新しい事業を立ち上げ、現状よりもプラスαを狙うパターン。市場開拓がメイン。スタートアップをいかに早くスムースに行うかがポイントになります。
●守りとは
　既存事業のメンテナンス。バグの補正やクレーム対応、今まで取組みたかったけれども優先順位が低く、手つかずであった事項。

（2）守りの陣容

　守りの領域で重視される人財像とはどんなものなのか、以下に特に求められるコンピテンシーをまとめてみます。

①　シミュレーション能力
②　課題整理力
③　問題把握力
④　問題解決力
⑤　柔軟性

（3）攻めの陣容

　攻めの領域で重視される人財像とは。以下に特に求められるコンピテン

シーを優先順位順に記します。
① 事業フレームワークに関する知識、およびそれを活用できる応用力
② アイデア創出力
③ スタッフを巻き込む力
④ 仮説設定力
⑤ マーケティングスキル
⑥ 事業構想力
⑦ ネットワーク構築力（ビジネスパートナー、サプライチェーン）

　このように、攻めと守りを同時に実施したいという企業オーナー様のお気持ちは十分わかりますが、攻めと守りのそれぞれに求められ人財のコンピテンシーが大きく違い、その両方を併せ持つ人財は稀有の存在です。ですから、実施時期をずらし、一歩ずつ将来に向けて確実な歩みを進めるのがお勧めです。

（4）攻めと守りのリーダーシップ

　組織は戦略に従うという言葉がある通り、戦略と組織とは不可分です。攻めの戦略の際は攻めの組織が必要で、守りの戦略の際は守りの組織が必要です。前述の通り、戦略の前提にはビジョンがあります。ビジョンは5年後、10年後の理想像で、辿り着きたい目的地です。その道筋が戦略になります。戦略を実現するためには、それに適合した組織が必要不可欠になります。
　企業の中での攻めとは売上拡大を意味し、守りとはコスト削減を意味します。売上拡大に貢献する人はコミュニケーション能力に長けている攻め型の人財であり、コスト削減に貢献する人は細かいところに目が行き届く守り型の人財です。
　企業の発展段階から求められるリーダー像を考えてみましょう。創業期は0（ゼロ）から始まるので、売上を拡大することだけに注力する必要があり

ます。そのためには、攻めの戦略と攻めの組織が求められます。多くのベンチャー企業は、戦略も組織も攻め型です。

創業後30年〜40年が経過し、創業者も60、70歳を超え、従業員も100名程度まで増えてきて、内部構造にガタがきているならば、後継者を選ぶ際には守りのリーダーが必要になります。次のステージに上がるためには、組織を有機的に動かすための整合性の高い組織づくりや各種制度設計など、細々としたことがきちんと遂行できる守りに向くリーダーが求められます。ここでよくあるケースが、後継者に自分と同質の攻めタイプを選ぶ場合です。人は通常自分と同じ思考行動パターン、同質の人間を高く評価する傾向があります。ここでも異質な人財が今までのトップと相互補完関係を創り上げ、シナジー効果が期待できるようになります。

一方で、戦略フェーズでは守りを選び、攻めの組織を作ると上手く機能しません。組織には拡大期と維持期を繰り返すメカニズムがあります。組織の成長は右上がりの直線ではなく、拡大期と維持期を繰り返しながら成長していきます。

攻めの組織を作るには、まずトップに攻めのリーダータイプを据えることです。シナジー効果（相乗効果）を発揮させるのは相互補完関係で組むのが原則なので、直下には守りに向くリーダー（＝マネジャー）を据えると相乗効果が出やすいです。その下は逆に攻めのリーダーというように、縦の関係で見ると、この順番が理想的です。

逆に、守りの組織を作るにはまずトップに守りのリーダータイプを据えることです。直下は補完関係にある攻め型を据えるとよいでしょう。この縦の順番はスキル以上にパーソナリティー（性格特性）が重要になります。

日本人の多くは守り型と言われます。攻め型に比べ、コミュニケーション能力はそれほど高くはありません。しかしながら辛抱強く、堅実でコツコツやるタイプです。きちんと組織を整備し、次の成長ステージまでの布石を敷く上では、守り型の人がトップをやる戦略フェーズなのです。そのメカニズムをきちんと押さえ、**戦略と組織が一致していれば、組織は拡大期と維持期**

を繰り返しながら成長・発展していくことができます。

　一方で、今までのビジネスモデルではこれ以上の成長が見込めず、新しい戦略を構築し、市場に投入しなければならない局面では、攻めの戦略⇔攻めの組織⇔攻めのトップリーダーの連鎖が必要になります。

　VUCAの時代、わが国においては圧倒的にこの攻めのリーダータイプが欠乏しているわけです。

7-3 ■ 経営人財9パターン

（1）1つの縦軸・横軸の組み合わせで9パターンの次世代経営者候補

　数多くある組み合わせの中から、仮に縦軸を変革意欲、横軸を能力で設定した場合、図表7-5の右上①領域にプロットされる人財に会社の未来を託すということになります。

　会社経営に正解というものは存在しませんが、それゆえに常に最適解を追求する姿勢は大事です。どの縦軸と横軸の組み合わせが最適であるかは前述の通り、今後会社がどのような事業に力を入れるかによります。図表7-5の例は、今まで勝ち続けてきたビジネスモデルから思い切りジャンプするビジネスを推進することに会社の命運をかける場合、その推進役を探し出す時に有効なモデルです。

　このモデルの場合、以下の9パターンの人財に次世代経営者候補が分類されることになります。

- **1型：未来を託せる変革リーダー**
  - 大きな組織の変革リーダー
  - 新たなチャレンジを必要とする組織を束ねることができる

第3部
次世代経営人財を育てる仕掛け

図表7-5　経営人財9パターン

	変革意欲（変革↕維持）		
環境変化を受けて、能動的に変革を促進する強いリーダーシップを発揮	**7** 追随型プレイングマネージャー	**4** 変革リーダー予備軍	**1** 未来を託せる変革リーダー
組織変革のフェアウェイに乗ったマネジメント	**8** 現場マネージャー	**5** 限定的リーダー	**2** 参謀リーダー
現状ビジネスのプラットフォームに基づいたマネジメント	**9** 実直なマネージャー	**6** 管理リーダー	**3** 立案リーダー
	戦術的 ←——————————→ 戦略的　能力		
	打ち出された方針・施策に基づき、着実に実行できるマネジャー	打ち出された方針・施策を元に計画を策定して実行できるタスク限定リーダー	自らビジョンを想像し、その達成に向かって邁進でき、モデルを示せる戦略リーダー

- **2型：参謀リーダー**
  - 経験のある領域において、売上向上に向けた斬新な施策を立案・実行できる
  - トップを補佐する優秀な参謀

- **3型：立案リーダー**
  - 行動が伴わないが、斬新なアイデアを次々と出すことができる

- **4型：変革リーダー候補**
  - 戦略発想が伴ってくれば、変革リーダーに変貌を遂げることができる

- **5型：限定的リーダー**
  - 環境が変化しても対応力を発揮し、一定の成果を期待することができる

- 方向性が示されれば、実行計画の立案・実施が可能

● 6型：管理リーダー
- 実行すべきことが明確な組織において、メンバーに規律を浸透させることができる

● 7型：追随型プレイングマネージャー
- 実行すべきことおよびその手順が明確に示された時、変革のリーダーシップを発揮できる

● 8型：現場マネージャー
- 示されたゴールに向かって、自身の経験が深い領域においては、部門をリードすることが可能

● 9型：実直なマネージャー
- 限定された自身の経験ある領域においてのみ、安定した成果を出すことができる

●9ブロック活用の狙い
- 狙い1：次世代経営者候補として、誰をピックアップし、何を重点強化すべきかがわかります。
- 狙い2：縦軸、横軸のシミュレーションを何パターンか実施することにより、今まで埋もれていた人財を発掘することが可能になります。

（2）守りと攻めの配置例

　上記ケースの場合、左上から右下に線を引いてみます。そうしますと下図右上は比較的変革意欲がありかつ戦略的能力があるという領域になり、一方、

第3部
次世代経営人財を育てる仕掛け

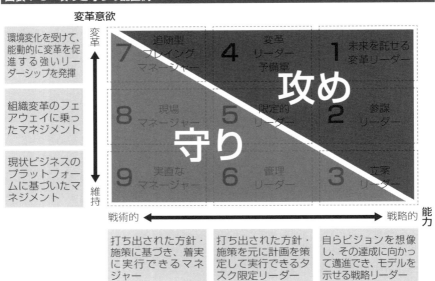

図表 7-6　攻めと守りの配置例

　左下は現状維持型で戦術的能力があるという領域になります。前節の攻めと守りの経営の展開を必要とするIPOを目指すような場合には、攻めの経営には右上領域にプロットされた人財が、守りの経営には左下の領域にプロットされた人財が適合する可能性が高いと言えます。

　このように、事業展開パターンに合わせて、縦軸・横軸の設定を変更し、シミュレーションしておくことは、VUCA時代に生き残っていくためには必要不可欠になってくると思われます。

7-4 ■ 10,000時間の旅へ

(1) リーダーと時間

　世界最大の投資持株会社であるバークシャー・ハサウェイの筆頭株主であり、同社の会長兼 CEO を務めるウォーレン・バフェット氏は以下のように語っています。「私はほぼ毎日、多くの時間を、ただ座って考えることだけに費やすようにしている」考えるということに本当に意味があるはずです。

　前述ミドル・クライシスの説明で、実際の職場では考える時間がどんどん奪われる現状をご紹介しました。不安定で不確実性が高く、複雑かつあいまいな状況の中で、今日のリーダー達がタフな意思決定を迫られており、リーダーのなすべき仕事も、業績を上げ予算を達成する、内外に長期的なビジョンを明確に示す、部下の能力を引き出し最高の成果を出させるなど多方面にわたり、そのいずれもが一筋縄ではいかないものばかりです。精神的・心理的負担は増す一方です。そして物理的にも、グローバル・ビジネスの推進に伴って海外出張が増え、モバイルツールがプライベートな時間を侵食し、リーダーの気力、体力、エネルギーを容赦なく奪っていきます。

　そのような現状の中で、とても不思議なことですが、リーダー達の時間をいかに確保するかが企業の将来の命運に多大な影響を与えるという認識が職場においては非常に少なく、実際に目標管理の中で時間を創る、創出する、創造するという目標を追っている企業は極稀です。

　日本企業の再興を願う場合、ここに力を入れずして他のどの領域に力を入れたらよいのでしょうか。

（2）タンジブルとインタンジブルのバランス

　この主張の前提として、タンジブルとインタンジブルのバランスの問題があります。簡単に言い換えますとタンジブルとは今日の100円、インタンジブルとは明日の10,000円を得る行動です。もし仮に全社員がタンジブルの行動100%だった場合、その企業は今日のところは大丈夫なのでしょうけれども、明日も100円得られるかわからない、保証がないわけです。組織の中で誰かが（数が多い必要はありません）明日の10,000円について深く考える必要があるわけです。

　インタンジブルをもっと具体的に表現するのであれば、将来ビジョン・ブランド・コアコンピタンス・社員のモチベーション・業務プロセス等々損益計算書や貸借対照表に計上できないものですが、将来の損益計算書や貸借対照表に確実に影響を与えるものと定義したいと思います。

　おそらくこれらをしっかり考えるべき人は、経営に近い人財であり、将来も会社を牽引していく立場の人だと考えます。ですから、これからの会社をリードしていく人にはまず徹底的に考える時間が必要になってきます。けっしてタンジブル領域だけで忙殺されてはなりません。

（3）セルフマネジメントの時代

　では、創りだした貴重な時間で何をするか。1つの解は失敗から学ぶということではないでしょうか。成功の対義語は失敗ではなく、挑戦しないことと前述しました。VUCAの時代に挑戦をすれば、かなりの高確率で失敗することになるでしょう。こうすれば成功するという前例が存在しないからです。問題はリーダーの失敗した時のアクションです。忙しいから、十分に反省せずにさっさと次に行こう！とするのか、なぜ失敗してしまったのかをじっくり考え、次は失敗しないように、もしくは前回よりもより良い結果がでるよ

うに考えようとするかです。前者の行動ではおそらく成功は極まれなラッキーによってしかもたらされないでしょう。再現可能性がきわめて低いからです。後者の行動は、地道で派手さはなく目立つことはありませんが確実に成功に近づくプロセスです。

　残念ながら現在の段階では、考える時間を会社が用意してくれていない状態がスタンダードなわけですから、そこに危機感を覚えている人は周囲から明らかに浮くわけです。ひょっとしたら将来とても大事な行動をとっているにもかかわらず、タンジブル中心の組織から低い評価（＝あくまで現在価値での評価）を受けている可能性は否定できません。ですから人財の発掘というプロセスが欠かせないわけです。

　そのような環境化で、如何に気持ちを強くもち、確実に考える時間を確保したらよいかの手順をＰ・Ｆ・ドラッカーの言葉[5]を借りながらより具体的に述べてみます。

● **目標設定**

　Ｐ・Ｆ・ドラッカーは「自己管理による目標管理こそ、マネジメントの哲学たるべきものであり、そのためには１人ひとりが自らの目標を自分で考え、目標を達成するために自分自身をマネジメントしなければならない」と言っています[6]。ドラッカーの言うように自分の目標をきちんと定め、自分の目指すべきものが明らかになることで心理的にも行動面でも迷いがなくなるというメリットを得ることができます。さらに、自らの強み・弱み、得意な仕事のやり方、得意な学び方を知ることができれば、自分がどんな組織で働くべきかがわかり、なすべき貢献が明確になり、より時間を効率的に使うことができるようになります。

---

[5] ピーター・Ｆ・ドラッカー著、上田惇生訳（2001）『マネジメント［エッセンシャル版］―基本と原則』ダイヤモンド社。
[6] ピーター・Ｆ・ドラッカー著、上田惇生訳（2000）『プロフェッショナルの条件』ダイヤモンド社。

● 価値観を知る

　ドラッカーは自らをマネジメントするために「自分の価値観を知れ」と言っています。価値観とはその人独自の物ごとの基準で、言わば人生でこれだけは譲れないという基軸です。もし自己の価値観に合っていない仕事をすれば、イライラがたまって能力を完全に発揮できないばかりか、仕事そのものまで嫌になってしまいます。逆に、自分の価値観と自分の強みが一致した場合は最高の能力を発揮することができます。

● 時間のプライオリティ

　ドラッカーは「セルフマネジメントはまず時間管理から始まる」と言っています。時間は個人の持つ重要な経営資源であり、時間をいかに有効に使えるか、時間をいかに上手く管理できるかがセルフマネジメントの基本と言えます。さらに「自分の時間を知れ」と言います。そして、自分の時間を知るには、まずは時間の使い方を記録することです。自分の時間の使い方をリアルタイムで記録するように勧めています。そして時間の使い方の分析をします。それによって、自分がいかに無駄なことに時間を浪費しているかが明らかになります。そして、無駄な時間には外的要因と内的要因があり、例えば外的要因のひとつとしての「会議は原則的ではなく例外的に行うべきだ」と言っています。

　この会議が曲者で、管理職となると非常に多くの会議が設定されており、次世代を託されたリーダー達の時間を多く浪費しているケースがあります。この会議時間をなんとか短縮する方法を探り、本当に価値のある仕事に貴重な時間を振り向けていただく必要があります。

　そのためには、会議の本来の目的を再度設定し、本当にその会議が必要なのか、目的を達成するために他の効率的手段はないのかという観点での見直しが求められます。

　さらに、限られた時間の中でどのテーマが優先されるべきかをはっきりさせることが必要で、優先順位が決まったら、最優先テーマに集中します。

「集中」とは最も重要な1つのことだけにすべての能力と時間をつぎ込むことで、「他の仕事はせずに1つの仕事を集中して行うのが最も効率が良く、能力を発揮できる」とドラッカーは言います。

● **フィードバック**

例えば、ある期待する成果を目指して仕事を始めたら、自らの仕事ぶりも記しておいて、定期的に評価する必要があります。こうしたフィードバック分析によって「自分自身と向き合う時間を持つことで、自らの強みや弱み、能率の悪い仕事ぶり、無駄などを知ることができ、自分を客観的に管理する」とドラッカーは言っています。

要するに一貫して大事なことは、自身の強み・得意なことに集中し、**無駄（優先順位の低いもの）を徹底的に排除する**ことが時間を創りだすには不可欠ということです。

（4）リーダーシップへの旅：「10,000時間の法則」

The New Yorker のマルコム・グラドウェルが提唱し始めた法則で、モーツァルトやビートルズなどのアーティストや、世界的に有名なスポーツ選手がその分野で活躍するための練習にかけた時間は「10,000時間」です。1日3時間費やすのであれば約10年を要する長い道のりです。みなさんはこの貴重な10,000時間を何に投入されるでしょうか。

むすび

不安から希望への転換

8-1 ■ 不安な時代の経営者の役割

（1）VUCA時代を託する先

　先行き不透明な VUCA の時代、経営者が将来を託すのは、次世代経営者です。今までとは違った発想で次代を切り開いてもらいたい。この想いはどの経営者も変わらないはずです。ところが、将来を託される次世代経営者は時間が足りずにアップアップの状況です。

　そのような中、経営トップの役割は、まず執行から経営への扉を開けてあげること、そのための一番の近道はセミナーや研修に対象者を行かせることではなく、自社の仕事の中で執行ではなく、経営を実際にさせてみることです。セミナーや研修で学べることはあくまで一般論であり、その後自社にカスタマイズする作業が膨大になってしまいます。実際に受講後そこまでやる人はほぼ皆無で、大概が「良い話を聞いた」で終わってしまいます。これでは時間が大変もったいないので、最初から自社の実状に基づいて経営を学習することが最も効率的であり、効果的と判断します。

（2）見守り人へ

　次世代に経営を託すことを決断したのであれば、少し肩の力を抜いていた

だき、異能を抜擢し、彼の才能の邪魔になる事柄を排除していただくこと。まさに未来を託す覚悟が今求められています。

　　夢を語る人、たくさん会ってきた。
　でもね、本当になにかを変える人は、口より先に動いてる。
　あんたはどうする？
　～日産自動車CMより～

8-2 ■ トップからのメッセージ

（1）「経営の本質は『ヒト・ヒト・ヒト』」を考える
　　みらいコンサルティング株式会社 代表取締役 久保光雄

【「人事評価」と「業績評価」が整合していない？】

　「人事評価」の季節になると、企業では人事部の活躍が目立つようになります。「人事評価」の一項目に目標管理があります。この目標管理を業績管理と捉え、その結果を人事部は「業績評価」として扱っていることが多いと思います。また、「業績評価」は、経理部の提供するデータなどによって行われます。また、「業績評価」の一項目には人事評価も含まれています。

　問題は、人事に対する評価は人事部、業績の評価は経理部で行われ、その融合が上手くいっていないケースです。コンサルティング業界においても、人事コンサルタントは「人事評価」の専門家、会計中心の経営コンサルタントは「業績評価」の専門家として、それぞれの専門性を主張するあまり、全体を見ることよりも専門家最適を優先させて、クライアント最適を後回しにすることも多いように思います。

　私は、評価については「測定のできないものは評価できない」と考えるとともに、「部分の評価より総合評価を優先させる」ようにしています。すなわち、

むすび
不安から希望への転換

「人事評価」と「業績評価」をかけ合わせた「総合評価」を大切にしています。また多面的な評価要素を見える化することで、「企業の考える幹部像」が明確になります。「ヒト」に対す２つの評価である「人事評価」と「業績評価」をそれぞれ車の両輪（前輪）にたとえることができます。両輪ともドライバー（経営者）が目指している方向に、動くことで企業経営は動きます。

【人財の「育成責任」と「成長責任」】

「馬を水辺に連れて行けても水を飲ませることはできない」ということわざがありますが、「社員」の育成についても、同じことが言えます。すなわち、社員が成長する意欲が乏しいのに、いくら研修をやり、キャリア支援を行っても大きな効果は望めません。

このため、社員が仕事に対する意識を高め、社員自ら成長する意欲を持ってもらうことが大切であると思います。私は、社員の育成については、車の両輪（後輪）にたとえると、個人の「成長責任」と企業の「育成責任」の両方が企業の目指す方向に上手く回転させることが必要だと思います。

実務的には、社員とともに夢を共有し、実現に向かって行動しながら、仕事を通して「『ヒト』としての成長」を実感させることだと思います。

【企業に必要な多種多様な人財をどう活かすか】

弊社グループの場合、200人を超えていますが、外国人20人を含め、会計士、税理士、社労士などの士業系が全体の50％から構成されています。そのほとんどが転職組でかつ個性の豊かな専門家集団です。自称「サファリーパーク」です。

こういう「専門家（ヒト）」が多くいる中で、クライアントにとって全体最適なサービスを優先させるために、やっていることは次の通りです。

① 全員で弊社の「WAY」を徹底的に共有します。「WAY」を単なるお題目ではなく、具体的な判断基準、行動基準にまで落とし込み、実践例を含め、研修をくり返しています。

② 人事評価項目としては、「期待される幹部像」「期待されるビジネスパー

ソン像」を明確にしています。「個人貢献度」以上に「チーム貢献度」を重視しています。
③ 「業績評価」項目については、次の方針をとっています。「個人評価」よりも「チーム評価」を重視します。業績については、「過去」の業績貢献度、「現在進行中」の業績貢献度だけでなく、「将来」に期待される業績貢献度をも対象とします。業績貢献度については、「定量的な指標」と「定性的な指標」を基本割合を「50％：50％」としています。
④ とても大事なことは、入社採用時に「WAY」に馴染むかどうかの見極めをすることです。入社後の教育研修でできることには限界があるため、入社前に「WAY」を共有できる可能性の高い「ヒト」かどうかを評価することが必要となります。

【未来起点発想の人財に期待する】

　VUCAの時代と言われ、先行きが見通せない現代には、不安感が充満しています。こういう場合、わたしたちはどう考えて仕事をして、どう人生を送るべきでしょうか。現在の延長線上からだけの発想では、大きな変化の波に飲み込まれてしまいます。大きな津波がやってきてから逃げても、遅いのです。津波がやってきたら、どうするかを今から決めておくことがとても大切です。

　そのため、私は、仲間たちとともに「歴史に学ぶ」「未来を創る」ことを進めています。「歴史に学ぶ」ことは、たくさんあります。今後の世界の動き、人間の心の動きを読んだり、時間軸を持つことが容易になります。「未来を創る」ためには、少なくとも「5年先」「10年先」「20年先」「30年先」を想定し、その時点に立って、「現在のあり方」を考えます。個人的には、現在の自分年齢に5、10、20、30をプラスしてみます。家族、子どもの年齢にも同じようにプラスします。「未来はこうなるだろういくつかのシーンを想像する」ことから「未来を創る」ことをスタートします。

　こういう時期にこそ、次の企業経営を担うビジネスパーソンの出番です。実は企業の未来を示す兆候は、すでに現在たくさん存在していると思いますが、多くの企業が見過ごしているのです。ゆでガエル状態は他人事ではないのです。

わずかな兆候でも感じ取れるかどうかが分かれ目です。

次世代の経営を担うビジネスパーソンは、感性を研ぎ澄まし、未来から現在を鳥瞰して、新しい時代を創ってくれることを期待しています。

（2）株式会社ジェック　専務取締役　越膳哲哉

政治、経済、社会、技術などあらゆる面での変化が激しく、日本企業は先の見えない時代の中にいます。そのような中、企業存続を可能にするためには真の経営人財の存在が不可欠です。

真の経営人財とは、「自社の未来像を鮮明に描き、自分の想いを持って組織にイノベーションを起こすことができる人財」のことです。

【1つの軸と4つの視点を持つ経営人財】

1つの軸とは、「あなたの仕事は何か？」という問いに対する自分自身の答えです。自分は組織を通じて社会・市場にどのような価値を提供したいのか、何を実現したいのか、そのためにどのような専門技術や知識を磨き続けるのかを、自社の理念と結び付けて描くことが大切なのです。4つの視点とは、リーダーシップ、フォロワーシップ、メンバーシップ、パートナーシップのことをさします。自らの軸を確立し長期大局高志の視点に立って社会や組織の未来をデザインする、そして実現に向けた行動をプロデュースできる人こそが、経営人財なのです。

経営人財を輩出するためには2つの段階が必要です。第1は「社員全員のベースの底上げ」、第2は「選抜メンバーによる次期経営幹部の育成」です。

組織にイノベーションを起こすためには、選抜者と異なる価値観を持った人財が必要です。そのために第1段階が重要な意味を持ちます。第1段階では理念を中心にした判断軸の確立と、一段高い視点に立つフォロワーシップの習得により、組織力全体の底上げとともに、選抜候補者を多数輩出することが目的

となります。

　第1段階における要点をいくつか挙げると以下のようになります。

　判断軸の確立には

① 自分の中にある成長欲求や貢献欲求に気付く状況を創り

② 「組織の理念が目指していることはどのようなものであるのか」を深く洞察し

③ ①と②の共通点に気付き、文言化させること

が必要です。

　人は生来、誰しもが「もっと成長したい」という想いや「誰かの役に立つ自分でありたい」という欲求を持っています。常日頃それらを自覚し、行動選択の判断基準となっている人もいますし、日頃はあまり意識しない人、中には「自分には無理」とか「人のことを考えている余裕などない」という想いが勝っている人ももちろんいます。しかし後者の場合でも「成長欲求や貢献欲求が無い」のではなく、「あることを自覚していない」のです。頑張ったのに結果が出なかった、他者と比較して自分を卑下してしまった、人に役に立とうという言動を他者から「そんなきれいごとを言っている暇があったらもっと自分のことを考えろ」と言われ……などの経験の積み重ねの中で、見失ってしまうケースも少なくありません。しかし自分の人生を「トータル」で振り返る時、成長を喜ぶ自分、役に立つことをうれしく誇らしく思う自分がいることを発見することができます。この第一歩こそが、経営人財を育てる上で最も肝心なことです。

　組織の理念は、組織の「成長欲求」「貢献欲求」そのものと言い換えてもいいかもしれません。多くの企業は、その理念として、市場や社会・利害関係者への貢献や、たえざる成長・革新をうたっています。自分自身の本来持っている欲求と組織の欲求の一致点を発見できた時、理念を自分事とすることができますが、ここができない限り「理念は飾り物、絵に描いた餅」のままです。

　経営人財は、組織の中にある根底的欲求である理念をビジネスとして未来に向けて実現していく人です。そしてそれは簡単なことではないがゆえに、未来実現の道のりで発生する数々の難題をクリアする胆力が求められます。また組

織という人間集団を率いるには想いをコンテクスト化することが不可欠になります。あいまいなイメージのままでは自分自身がぶれることもあるかもしれません。集団に共通の想いにしていくにはより具体的、鮮明であることが必要です。ここに自分の成長欲求・貢献欲求と理念の一致点を文言化する意味があるのです。

その上で、第2段階として「新たなビジネスモデルを描き変革を生み出す力」の強化、「意思決定と実行力」の錬磨を行っていくのです。誰もが真の経営人財になりえます。しかし必ずなれるわけではありません。打ち手の成功確率を高めるためには、人間の行動変容のメカニズムを正しく理解していなければなりません。

人の行動を支配する暗黙の価値観、弊社ではこれを「行動理論」と呼んでいますが、成功や失敗の体験から新たな行動理論が醸成される「価値観化」のプロセスを知り、そのプロセスを客観視し修正する「メタ認知」の働きを高めることで、自らの行動理論を自ら革新できる人財が育つのです。

自らの行動理論を自己改革できる人財を生み出すことで、未来実現が可能になります。

(3) 株式会社サイダス
取締役CYDAS Europe準備室長　諸橋峰雄

タレントマネジメント、ピープルマネジメントという言葉が近年になく世の中で目にするようになってきました。海外ではすでに何年も前から聞かれているものがようやく日本でも認知、かつ運用される段階に近づいてきたことの顕れでしょう。

本書に書いてあるように、現在のこれまでにないVUCAの時代において、あらゆる物事が不確実、不透明、複雑でありながら、企業に求められるビジネススピードは一層増してきています。経営者の意思決定の頻度は増し、社内外の

環境変化に合わせて柔軟に設定目標を更新し、それにあわせて現場は都度の修正を余儀なくされます。

　こういう現象は、タレントマネジメントの一要素としてのパフォーマンスマネジメントに関して最近の海外企業における変化とは無縁ではないでしょう。これは GE やマイクロソフトなどがこぞって既存の年間評価、レーティングを抜本的に見直す動きを見せているという変化です。50年以上前から使われてきた MBO（Management by Objectives：目標管理制度）による半期や1年ごとの目標設定とレビューでは、スパンが長すぎます。もはや現場の目標や成果を測り、企業の業績につなげるには無理があります。徐々に会社の管理目的としての意味合いも強くなってきている制度が多くの企業で残っています。本来の目的であるはずの会社の業績につながるための目標を設定・共有し、かつそれを達成する上でチームや個人の実行や成長を支援する仕組みが求められているのは理に適っています。

　こうした環境の中で、「組織は人なり」の意味はますます大きな重みを持ってきます。予想できない状況や課題に直面した時に、チームとして、個人としてどう対応できるか。単に業務として与えられた仕事をこなすだけの人財では解決できません。新しい環境や常にでてくる課題に果敢にチームを巻き込んで立ち向かえる次世代のリーダーを発掘し、育成し、適切なポジションに配置します。企業として文字通り「適材適所」を実現できる能力が試されている時代が来たのだと考えます。

　弊社が提供するタレントマネジメントプラットフォーム CYDAS は、組織の人財がその才能を最大限に活かせる支援をするアプリケーションとして提供されています。社内の人財情報を蓄積、見える化することからスタートし、人財ポートフォリオを分析し、社内のタレント（有能人財）を発掘し、適切な育成方針やポジションを考えるための経営層や人事のための武器を提供します。もう1つのポイントは、このツールが「全社員」に使われることを想定していることです。

　仕事が個人だけで行われる状況であればこういったツールを全社で導入する必要はありません。しかし、いまはチームや組織横断的に行う仕事の量が圧倒

的に増えてきています（CEBの調査によると、従業員の67％がこれまで以上にコラボレーションによる仕事が増えてきていると回答しています[1]）。こうした中では、異なる環境や働き方において、共に仕事を進められる適切なメンバーを探し、頻繁にコミュニケーションをとり、目標を達成するというチームワークが必要になってきます。

　CYDASは社内でこういった効果的なチームワークを実現するための仕組みを提供し、さらなる新機能の開発も積極的に進めています。

　単に経営層や人事の管理目的だけではなく、現場のオペレーションを効果的に支援できること。これが人と人をつなぎ、組織の活性化と成長支援につながる。この両方の目的を実現できることこそ、全社員を巻き込むために企業の経営層や人事が行うべきものと信じています。

　人が組織の中でモチベーションを持って高パフォーマンスを発揮できる環境を作るのは容易ではありません。ましてや社内外の環境が頻繁に変わりうる現在ではなおのことです。しかし、形だけではない真のタレントマネジメントを実行できてこそ組織としての未来があるのです。

　「組織は人なり」です。

---

[1] CEB Breakthrough Performance in the New Work Environment 2013

【参考文献】

辻信一監修（2005）『ハチドリのひとしずく』光文社。

長沢朋哉（2013）『世界一シンプルな「戦略」の本』PHPビジネス新書。

ウォーレン・ベニス著、芝山幹郎著（1992）『リーダーになる』新潮文庫。

ピーター・F・ドラッカー著、上田惇生訳（1999）『明日を支配するもの』ダイヤモンド社。

ピーター・F・ドラッカー著、上田惇生訳（2000）『プロフェッショナルの条件』ダイヤモンド社。

ピーター・F・ドラッカー著、上田惇生訳（2001）『マネジメント［エッセンシャル版］―基本と原則』ダイヤモンド社。

ビル・ジョージ、ピーター・シムズ著、梅津祐良訳（2007）『リーダーへの旅路』生産性出版。

ヘンリー・ミンツバーグ著、黒田哲彦、崔大龍、小高照男訳（1997）『戦略計画創造的破壊の時代』産業能率大学出版部。

マイケル・ポーター著、土岐坤訳（1985）『競争優位の戦略』ダイヤモンド社。

Thomas, R.R. Jr. (1990) "From Affirmative Action to Affirming Diversity," *Harvard Business Review*, March-April, pp.107–117.

〔編者紹介〕
みらいコンサルティンググループ

1987年監査法人の直系会社として設立。2007年に監査法人から独立。設立以来、中堅・中小企業への支援をメインとした「総合・実行支援型コンサルティングファーム」として、会計・税務、経営改善・成長戦略、IPO、企業再生、国際税務、企業再編、M＆A、人事労務コンサルティングサービスなど多様なコンサルティング業務に取り組む。

経営課題を抱えるお客さまと中長期的な関わりを持ち、企業全体の視点に立ち、自ら「実行支援」までを行って解決に貢献することが大きな特徴。

公認会計士、税理士、社会保険労務士、中小企業診断士、司法書士などの有資格者を中心に金融機関、事業会社出身者を含め各分野のプロフェッショナル数は200名。

【グループ概要】

代表者	久保 光雄
設　立	1987年4月6日
社員数	200名（2017年6月23日現在）
【公認会計士】	15名
【会計士補】	1名
【税理士】	35名
【社会保険労務士】	27名〈うち 特定社会保険労務士10名〉
【中小企業診断士】	4名
【司法書士】	1名
グループ本社所在地	〒100-6004　東京都千代田区霞が関3-2-5　霞が関ビル4階　TEL：03-3519-3970（代）　FAX：03-3519-3971
国内拠点	札幌支社・仙台事務所・新潟支社・名古屋支社・大阪支社・岡山事務所・広島事務所・福岡支社
海外拠点	北京・上海・深圳・マレーシア・シンガポール

【グループ会社一覧】
- みらいコンサルティング株式会社
- 税理士法人みらいコンサルティング
- 社会保険労務士法人みらいコンサルティング
- MCA監査法人
- みらいコンサルティング司法書士事務所
- 唯来亜可亜企業管理咨詢（上海）有限公司
- 唯来企業管理咨詢（北京）有限公司
- 唯来企業管理咨詢（深圳）有限公司
- MIRAI CONSULTING MALAYSIA SDN.BHD.
- Reanda MC 国際公認会計士共同事務所
- 株式会社みらいアウトソーシングSR
- 一般財団法人 ASEAN・東アジアビジネス支援機構

【執筆者一覧】
久保光雄（みらいコンサルティング株式会社 代表取締役）
越膳哲哉（株式会社ジェック 専務取締役）
諸橋峰雄（株式会社サイダス 取締役 CYDAS Europe 準備室長）
津田識義（みらいコンサルティング株式会社 組織人財開発室長）

平成29年7月30日　初版発行　　　　略称：次世代経営人財

次世代経営人財育成のすすめ
―業績を上げながら人を育てる企業の戦略・人財・仕掛け―

Ⓒ編　者　　みらいコンサルティンググループ

発行者　　中　島　治　久

発行所　　同 文 舘 出 版 株 式 会 社
東京都千代田区神田神保町1-41　〒101-0051
営業 (03) 3294-1801　　編集 (03) 3294-1803
振替 00100-8-42935　http://www.dobunkan.co.jp

Printed in Japan 2017　　　　　　DTP：マーリンクレイン
印刷・製本：三美印刷

ISBN978-4-495-39006-8

JCOPY〈出版者著作権管理機構 委託出版物〉
本書の無断複製は著作権法上での例外を除き禁じられています。複製される場合は、そのつど事前に、出版者著作権管理機構（電話 03-3513-6969，FAX 03-3513-6979，e-mail: info@jcopy.or.jp）の許諾を得てください。

本書と ともに

会社の成長とIPO
―次なるステージを目指す
経営者のための本―

みらいコンサルティンググループ編

A5判・並製・190頁
定価（本体1,900円＋税）

限定正社員制度
導入ガイドブック
―無期契約への転換対応から
戦略的活用術まで―

みらいコンサルティンググループ編

A5判・並製・214頁
定価（本体2,300円＋税）

同文舘出版株式会社